AF816798

Ing. Andreas Dolezal

Wohlfühl-Oase Homeoffice

Sicher, produktiv & entspannt von Zuhause aus arbeiten

© 2021 Ing. Andreas Dolezal

Autor & Herausgeber: Ing. Andreas Dolezal
Umschlaggestaltung: Buchschmiede

Verlag: Buchschmiede von Dataform Media GmbH,
Wien

ISBN: 978-3-99125-524-6 (Paperback)
ISBN: 978-3-99125-525-3 (Hardcover)
ISBN: 978-3-99125-530-7 (eBook)

202021032
PRINTED IN
AUSTRIA

Das Werk, einschließlich seiner Teile, ist urheberrechtlich geschützt. Jede Verwertung ist ohne Zustimmung des Verlages und des Autors unzulässig. Dies gilt insbesondere für die elektronische oder sonstige Vervielfältigung, Übersetzung, Verbreitung und öffentliche Zugänglichmachung.

Inhaltsverzeichnis

Rechtshinweis

Der Inhalt dieses Buches stellt keine abschließende und keine vollständige Information dar. Eine individuelle, unternehmensspezifische Betrachtung sowie gegebenenfalls die Inanspruchnahme von spezialisierten (Rechts- oder IT-)Beratern kann durch die Inhalte dieses Buches nicht ersetzt werden. Die Inhalte dieses Buches stellen keine Rechtsberatung dar, und geben lediglich den Wissens- und Erfahrungsstand des Autors auf Basis der zum Zeitpunkt des Verfassens geltenden gesetzlichen Bestimmungen (Januar 2021) wieder. Trotz sorgfältiger Prüfung aller Inhalte sind Irrtümer und Fehler nicht auszuschließen, ebenso wird für die Richtigkeit des Inhalts keine Gewähr übernommen. Eine Haftung des Autors ist ausgeschlossen.

Im Sinne der besseren Lesbarkeit wird entweder die männliche oder die weibliche Form von personenbezogenen Wörtern gewählt. Damit wird keinesfalls das jeweils andere Geschlecht benachteiligt. Alle Geschlechter mögen sich von den Inhalten dieses Buches gleichermaßen angesprochen fühlen.

Vorwort

Unsere Arbeitswelt befindet sich in einem tiefgreifenden Wandel. Digitalisierung und immer neue Technologien führen zu massiven Veränderungen unseres gewohnten Arbeitsalltages. Nicht nur, aber auch als Folge der „Homeoffice-Welle" im Zusammenhang mit der Corona-Pandemie.

Vielen Arbeitnehmern und Selbständigen ist es heute möglich, nahezu von jedem Ort aus zu arbeiten. Der Trend zum Arbeitsplatz in den eigenen vier Wänden, dem so genannten Homeoffice, verstärkt sich immer mehr. Die damit gewonnene Flexibilität - Stichwort Work-Life-Balance - erfordert aber ein Umdenken, arbeits- und sozialrechtlich, datenschutzrechtlich, organisatorisch sowie bei der Kommunikation. Denn auch im Homeoffice soll in jeder Hinsicht sicheres, gesundes und kollegiales Arbeiten gewährleistet sein.

Als selbständiger Unternehmensberater mit Schwerpunkt Compliance und Datenschutz arbeite ich seit vielen Jahren im Homeoffice. Und ich genieße es. Ich trauere den unzähligen Stunden nach, die ich in der Vergangenheit bei jedem Wetter für den Weg ins Büro und vom Büro nach Hause vergeudet habe. Jeden Tag fast eine Stunde im Auto oder in öffentlichen Verkehrsmitteln, fünf Stunden pro Woche, zwanzig Stunden pro Monat, 240 Stunden im Jahr. Zehn volle Tage pro Jahr (fast zwanzig Jahre lang), die ich produktiver nutzen oder mir mehr Freizeit gönnen hätte können.

Auch ich musste am Beginn meiner „Homeoffice-Karriere" umdenken und mich neu organisieren. Wo kann ich ungestört arbeiten? Wo verstaue ich meine Dokumente? Welche Technik benötige ich? Welche Sicherheitsmaßnahmen - nicht nur datenschutzrechtlich - muss ich setzen? Wie kommuniziere ich richtig? Wo liegt das ausgewogene Verhältnis zwischen online (E-Mail, Telefon, Video) und physischem Kontakt mit Kunden und Geschäftspartnern?

Es dauerte nicht allzu lange und meine Rückenmuskeln beschwerten sich über das viele Sitzen vor den Bildschirmen. Mit einem wirklich guten Büro-Drehstuhl und der Möglichkeit, auch im Stehen zu arbeiten, habe ich wirksame Abhilfe geschaffen. Der erste Datenverlust durch einen defekten Laptop führte mir trefflich vor Augen, wie wichtig regelmäßige Datensicherungen und ein Ersatz-Laptop sind.

Über die Jahre habe ich Vieles über das wohnliche, ergonomische und sichere Homeoffice gelernt. In diesem Buch teile ich mein Wissen als Compliance Experte sowie meine eigenen Erkenntnisse und Erfahrungen als „Homeoffice-Junkie" mit Ihnen, ergänzt um einige gesetzliche und arbeitsrechtliche Grundlagen, die insbesondere für die Arbeitgeber unter Ihnen wissenswert sind.

Zwischendurch finden Sie in diesem Buch immer wieder Beispiele aus dem Alltag. Sie sollen verdeutlichen, wie wichtig Maßnahmen zum Schutz und für die Sicherheit unserer Daten und IT-Geräte sind, und Sie dafür sensibilisieren, welche kleinen Nachlässigkeiten bereits zu großem Schaden führen können.

Aus der Praxis für die Praxis. Damit auch Ihr persönliches Homeoffice zur sicheren Wohlfühl-Oase wird.

Viel Spaß beim Lesen und gutes Gelingen beim Umsetzen!

Andreas Dolezal

Sie finden einige ergänzende Dokumente, zum Beispiel kompakte Checklisten, und Links zu verwandten Inhalten im Internet auf meiner Internetseite unter www.andreasdolezal.at/homeoffice. Schauen Sie zwischendurch einmal dort vorbei! Es lohnt sind.

Allgemeines & Rechtliches

Allgemeines & Rechtliches

Telearbeit, Homeoffice und mobiles Arbeiten

Für unzählige Arbeitnehmer und Selbständige ist es selbstverständlich, außerhalb von Betriebs- oder Büroräumlichkeiten zu arbeiten. Dabei fallen immer wieder die drei Begriffe Telearbeit, mobiles Arbeiten und Homeoffice. Wo liegen die Unterschiede?

- **Telearbeit** ist üblicher Weise der Überbegriff für das regelmäßige oder anlassbezogene Arbeiten unter Verwendung von Informationstechnologie außerhalb von Betriebs- oder Büroräumlichkeiten eines Unternehmens.
- Beim mobilen Arbeiten, neudeutsch **Mobile Working** genannt, wird die Arbeitsleistung ortsunabhängig außerhalb der Betriebs- oder Büroräumlichkeiten, beispielsweise im Außendienst, erbracht.
- Das **Homeoffice** sieht einen fixen Arbeitsort außerhalb der Betrieb- oder Büroräumlichkeiten vor, in der Regel das private Zuhause des Arbeitnehmers oder Selbständigen. Vom „Homeoffice light" sprechen wir, wenn der Heimarbeitsplatz auf Grund einer unvorhergesehenen Notsituation (ungeplant) genutzt wird.

Telearbeit und mobiles Arbeiten liegen oft in der Natur jener Aufgaben, die der Beruf mit sich bringt, beispielsweise Vertriebs- oder Servicemitarbeiter, die regelmäßig Kunden besuchen. Wer als Arbeitnehmer solche Berufe ausübt, ist sich darüber im Klaren, dass wesentliche Aufgaben außerhalb der Betriebs- oder Büroräumlichkeiten erfüllt werden. Für viele Arbeitnehmer, die eine geordnete Büroumgebung unter Kolleginnen und Kollegen sowie unter den strengen Augen des Vorgesetzten gewöhnt sind, kann der Wechsel ins Homeoffice hingegen einen Paradigmenwechsel darstellen.

Vor- und Nachteile

Nichts hat nur Vorteile, auch das Arbeiten im Homeoffice nicht. So viel einmal vorweg. Und für Arbeitgeber bedeutet Homeoffice von Mitarbeitern auch Vertrauen zu haben.

Wenn Sie im Homeoffice arbeiten, ersparen Sie sich den morgendlichen Weg ins Büro und den abendlichen Weg vom Büro nach Hause. Überlegen Sie kurz: wie viel Zeit investieren Sie an jedem Arbeitstag für das Hin und Her bei Wind und Regen- oder Schneewetter? Wie viele Stunden pro Monat und Jahr im Auto, am Fahrrad oder in öffentlichen Verkehrsmitteln ersparen Sie sich, wenn Sie nicht tagtäglich ins Büro fahren müssen? Selbst bei mir als Bewohner der Wiener Innenstadt mit einem Büro, das nur zwei Kilometer entfernt ist, waren es (egal, ob zu Fuß oder mit Straßenbahn und U-Bahn) etwa 50 Minuten pro Tag. Zeit, um genau zu sein Lebenszeit, ist mit das Wertvollste, das wir haben. Jede Stunde, die wir gewinnen, können wir besser - beruflich oder privat - für uns nutzen als sie für den Weg zum beziehungsweise vom Büro zu vergeuden.

Dazu kommt, dass Sie sich insbesondere dann, wenn Sie für den Weg ins Büro Ihr privates Auto verwenden, eine ganze Menge Treibstoff und damit bares Geld ersparen. Zusätzlich nutzen Sie Ihr Auto weniger ab (Reifen, Bremsen, Betriebsflüssigkeiten) und reduzieren schädliche Emissionen, tun also auch der Umwelt etwas Gutes.

Arbeiten im Homeoffice erhöht - bei aller gebotenen Disziplin hinsichtlich der mit dem Arbeitgeber vereinbarten Arbeitszeit und beruflichen Terminen - Ihre zeitliche Flexibilität. Private Angelegenheiten lassen sich flexibler planen. Beispielsweise können Sie Arztbesuche oder Werkstattaufenthalte so einplanen, dass Stoßzeiten (etwa früh morgens oder abends) umgangen werden, wodurch sich Wartezeiten oftmals verkürzen oder ganz vermeiden lassen.

Natürlich können Sie die Mittagspause dazu nutzen, um Ihr Kind aus dem Kindergarten oder der Schule abzuholen. Hier zeigt sich aber schon, dass ein Vorteil von Homeoffice eventuell auch zum Nachteil werden kann. Denn Ihr Kind verlangt Zuhause nach Aufmerksamkeit und möchte womöglich beschäftigt werden. Sich um Kinder zu kümmern und gleichzeitig konzentriert zu arbeiten, ist eine der größten Herausforderungen im Homeoffice. Ganz zu schweigen vom Betreuen der Kinder im „Home-Schooling". Dabei stellt sich dann für den Arbeitgeber die Frage, wie vorteilhaft das Homeoffice für die erbrachte Arbeitsleistung ist.

Homeoffice bietet Ihnen oftmals die Möglichkeit, sich offene berufliche Aufgaben mehr nach Ihren eigenen Präferenzen effizient selbst zu organisieren, weil Sie auf Strukturen und Routinen, die im Büro oder unter Kollegen üblich sind, weniger oder keine Rücksicht nehmen müssen. Dies bedingt allerdings ein hohes Maß an Selbstdisziplin und Eigenmotivation, denn im Homeoffice steht (bildlich gesprochen) nicht ständig Ihr Vorgesetzter hinter Ihnen, der Ihnen Vorgaben macht und Anweisungen gibt. Wer dazu nicht in der Lage ist, wird das Arbeiten von Zuhause aus bald als Chaos betrachten – und eventuell darin untergehen.

Leitende Mitarbeiter, die eine Gruppe von Mitarbeitern zu führen haben, sind im Homeoffice besonders gefordert. Bei regelmäßigen (täglichen) persönlichen Kontakten zu Kollegen und Mitarbeitern gestaltet sich das Führen von Mitarbeitern oder das Steuern von Projekten einfacher als vom Homeoffice aus. An die Kommunikation generell sowie insbesondere von Führungskräften stellt das getrennt voneinander arbeiten besondere Herausforderungen.

Vereinbarkeit von Beruf und Freizeit

Das Umstellen vom Arbeiten im Betrieb beziehungsweise im Büro auf das Arbeiten von Zuhause aus, ist oftmals gerade am Anfang gar nicht so einfach. An das Arbeiten in den eigenen vier Wänden müssen sich viele Mitarbeiter erst einmal gewöhnen. Das Arbeitsumfeld ist ungewohnt, etablierte Routinen fallen weg, neue

Störfaktoren sind vorhanden, das Kommunizieren mit Kollegen und Kunden funktioniert ganz anders, Zwischenmenschliches - wie der Tratsch mit Kollegen beim Kaffee holen - fehlt. Und natürlich ist es anfangs durchaus eine Herausforderung, Berufliches und Privates strikt und klar zu trennen.

Hilfreich ist es, bewährte Routinen und Arbeitsabläufe im Homeoffice soweit wie möglich beizubehalten. Wo dies nicht möglich ist, sollten Sie sich neue Routinen und Abläufe festlegen. Während es im Betrieb oder im Büro auch auf Ihre Anwesenheit ankommt, zählen im Homeoffice ausschließlich Ihre Arbeitsergebnisse. Dessen sollten Sie sich bewusst sein.

Gestalten Sie sich einen für Sie angenehmen und ergonomischen Arbeitsplatz und legen Sie Ihre Erreichbarkeiten und Pausen fest. Gerade in einer guten Zeitplanung liegt einer der Schlüssel für das produktive Arbeiten im Homeoffice. Lassen Sie sich beispielsweise nicht durch jede neue E-Mail im Posteingang oder jeden Anruf eines Kollegen aus der Konzentration reißen. Legen Sie für das Beantworten von Nachrichten oder Telefonaten (tägliche) Zeitfenster fest. Strukturieren Sie Ihren Arbeitstag und bleiben Sie diszipliniert.

Manchmal ergibt sich die berufliche Notwendigkeit im Homeoffice Kollegen oder Kunden zu empfangen. Richten Sie Ihr Homeoffice in einer Mietwohnung ein, dann sollten Sie sich je nach Häufigkeit und Anzahl der Besucher eventuell mit Ihrem Vermieter abstimmen. Zu intensiver Personenverkehr in einem Mehrparteienhaus kann zu Unstimmigkeit mit den Nachbarn führen.

Mehr zum Gestalten und Einrichten eines guten Homeoffice-Arbeitsplatzes, der es Ihnen erleichtern wird, Beruf und Freizeit unter einen Hut zu bringen, lesen Sie im Kapitel „Einrichten, gestalten & organisieren".

Kein Rechtsanspruch auf Homeoffice

Arbeitnehmerinnen und Arbeitnehmer haben in Österreich keinen Rechtsanspruch auf das Arbeiten von Zuhause aus. Umgekehrt haben Arbeitgeber auch kein Recht dazu, ihre Mitarbeiter ins Homeoffice zu schicken. Das bleibt (aus aktueller Sicht per Ende Januar 2021) auch so, wenn es in Österreich eine gesetzliche Homeoffice-Regelung geben wird.

Homeoffice bedingt in der Regel eine schriftliche Vereinbarung in beiderseitigem Einverständnis zwischen Arbeitgeber und Arbeitnehmer. Darüber hinaus kann sich aus der Treue- beziehungsweise Fürsorgepflicht des Arbeitgebers das (vorübergehende) Arbeiten im Homeoffice ergeben. Ein Beispiel dafür hat das Bekämpfen der Corona-Pandemie geliefert. Durch das Arbeiten von Zuhause aus konnten persönliche Kontakte minimiert und damit das Ansteckungsrisiko reduziert werden.

Eine Homeoffice-Vereinbarung muss eine ganze Liste an wichtigen Details regeln und schriftlich festhalten. Zum Beispiel den Umfang der im Homeoffice zu erfüllenden Aufgaben, die Arbeitszeit (Erreichbarkeit) und natürlich den Ort der Leistungserbringung. Weiters sollte geregelt werden, wer die (technischen) Betriebsmittel bereitstellt sowie ob und in welcher Höhe der Arbeitgeber einen Kosten- beziehungsweise Aufwandsersatz (zum Beispiel für Strom, Internetgebühren, Verbrauchsmaterial wie Toner und Papier) leistet. Ganz wesentlich sind Regelungen hinsichtlich des Datenschutzes und der IT-Sicherheit. Mitunter finden sich auch in Kollektivverträgen oder Vereinbarungen mit dem Betriebsrat Regelungen für Homeoffice.

Im Homeoffice gilt natürlich die reguläre, auch in den Betriebs- oder Büroräumlichkeiten des Unternehmens übliche Arbeitszeit. Abweichungen davon können – im Rahmen der gesetzlichen und kollektivvertraglichen Grenzen – vereinbart werden. Höchstarbeitszeitgrenzen und Mindestruhezeiten gelten auch im Homeoffice, ebenso sind Arbeitszeitaufzeichnungen zu führen. Nachdem es dem Arbeitgeber kaum möglich sein wird, die täglichen Arbeitszeiten zu kontrollieren, kann zum Beispiel überlegt werden, den im Homeoffice tätigen Mitarbeitern das Einloggen zu Programmen und Datenbanken nur während bestimmter (Arbeits-)Zeiten zu ermöglichen.

Wann und aus welchen Anlässen wer (Arbeitgeber und/oder Arbeitnehmer) die Tätigkeit im Homeoffice beenden kann, sollte in der Homeoffice-Vereinbarung geregelt sein. Ratsam erscheint eine befristete Homeoffice-Regelung, die gegebenenfalls verlängert wird. Eine Befristung ist insbesondere dann sinnvoll, wenn in absehbarer Zeit mit neuen gesetzlichen Regeln hinsichtlich Homeoffice zu rechnen ist.

Das Dienstnehmerhaftpflichtgesetz gilt auch beim Arbeiten von Zuhause aus. Das heißt unter anderem, dass Arbeitnehmer dem Arbeitgeber für eine Beschädigung der vom Arbeitgeber zur Verfügung gestellten Geräte haften. Dazu zählt nicht nur eine fahrlässige physische Beschädigung des Geräts, sondern zum Beispiel auch der Befall eines Speichermediums mit Computer-Viren.

Homeoffice aus Sicht von Arbeitsrecht & Arbeitsschutz

In Österreich gab es lange Zeit keine gesetzlichen Bestimmungen, die das Homeoffice einheitlich regeln. Die österreichischen Sozialpartner, also Wirtschaftskammer, Landwirtschaftskammer, Bundesarbeitskammer und der Österreichische Gewerkschaftsbund, diskutieren seit Mitte des Jahres 2020 mit der Bundesregierung über eine arbeitsrechtliche Homeoffice-Regelung. Diese soll beispielsweise Fragen der Unfallversicherung am Arbeitsplatz[1] klären. Regelungen

[1] Erste Details, die Ende Januar 2021 hinsichtlich des „Homeoffice-Paketes“ der österreichischen Bundesregierung bekannt geworden sind, besagen, dass Beschäftige im Homeoffice grundsätzlich unfallversichert sind.

für Betriebsvereinbarungen zwischen Arbeitgebern und Arbeitnehmern sind ebenfalls vorgesehen. Mitarbeiter sollen die Kosten im Homeoffice steuerlich absetzen können, im Gespräch ist ein Absetzbetrag von 300 Euro pro Jahr. Im ersten Halbjahr 2021 soll die gesetzliche Homeoffice-Regelung kommen und in Kraft treten.

Als Arbeitgeber müssen Sie berücksichtigen, dass zahlreiche Bestimmungen des ArbeitnehmerInnenschutzgesetzes, kurz ASchG, sowie weitere Gesetze, wie zum Beispiel das Allgemeines Sozialversicherungsgesetz ASVG, das Arbeitszeitgesetz AZG und die Bildschirmarbeitsverordnung BS-V, auch im Homeoffice gelten. Ausgenommen sind lediglich Vorschriften, die sich auf Arbeitsstätten beziehen, also beispielswiese die Arbeitsstättenverordnung AStV.

Arbeitsplätze im Homeoffice werden organisatorisch der Arbeitsstätte zugerechnet und sind daher in die Arbeitsplatzevaluierung miteinzubeziehen. Für Sie als Arbeitgeber heißt das, dass Sie auch im Homeoffice der Mitarbeiter für das Ermitteln und Beurteilen von Gefahren sowie das Festlegen von Maßnahmen Sorge tragen müssen.

Dabei steht Ihnen (und übrigens auch dem Arbeitsinspektorat) der Schutz der Privatsphäre im Weg, der eine Besichtigung der privaten Räumlichkeiten des Mitarbeiters grundsätzlich verhindert. Empfehlenswert sind daher Richtlinien für das Einrichten und Gestalten von häuslichen Arbeitsplätzen, die den Mitarbeitern nachweislich kommuniziert und zu deren Einhaltung sie verpflichtet werden. Überlegen Sie sich, ob es ausreicht, die Richtlinien lediglich auszuhändigen (und sich auf das Selbststudium der Mitarbeiter zu verlassen), oder ob eine Schulung zielführender ist. In persönlichen Unterweisungen kann unter anderem auf individuelle Gegebenheiten eingegangen werden, nicht jeder Mitarbeiter wird zum Beispiel einen eigenen, separaten Raum zur Verfügung haben. Dokumentieren Sie die getroffenen und vereinbarten Maßnahmen zum Verhüten von Gefahren im Homeoffice.

Nur mit dem ausdrücklichen Einverständnis des Arbeitnehmers darf beispielsweise eine Sicherheitsfachkraft oder ein Arbeitsmediziner die privaten Räumlichkeiten des Arbeitsnehmers betreten. Beachten Sie das als Arbeitgeber, wenn Sie zum Beispiel Ihre Mitarbeiter beim Einrichten und Gestalten des Heimarbeitsplatzes direkt im Zuhause beraten oder beraten lassen.

Bis dato waren Sie als Dienstgeber nicht verpflichtet, technische Arbeitsmittel, wie zum Beispiel Laptops, Bildschirme oder Smartphones, für die Arbeit im Homeoffice zur Verfügung zu stellen. In der Praxis war es allerdings sehr üblich, dies zu tun. Mit dem neuen „Homeoffice-Paket" der österreichischen Bundesregierung wird (höchstwahrscheinlich) festgeschrieben, dass Arbeitgeber ihren Mitarbeitern im Homeoffice die Arbeitsmittel beistellen müssen. Verwenden Mitarbeiter im Homeoffice ihren eigenen Rechner oder Laptop und nutzen die eigene (private) Internetverbindung, dann steht dafür ein Kostenersatz zu. Eine freiwillige Leistung des Arbeitgebers soll das Übernehmen höherer Kosten für Strom und Heizung bleiben. Arbeitgeber sollen pro Jahr und Arbeitnehmer 300 Euro steuer- und sozialversicherungsfrei abgelten können.

Die Arbeitsmittel, also beispielsweise Laptop und Smartphone, die Arbeitgeber ihren Mitarbeitern zur Verfügung stellen, müssen dem jeweils aktuellen Stand der Technik sowie ergonomischen Anforderungen entsprechen. Laut Arbeitsinspektorat ist für übliche Büroanwendungen beispielsweise ein Laptop mit einer Bildschirmgröße ab etwa 15 Zoll Bildschirmdiagonale vorzusehen. Müssen Mitarbeiter im Homeoffice mit Zeichen- oder Bildbearbeitungsprogrammen arbeiten, sind größere Monitore erforderlich. Weiters erwähnt das Arbeitsinspektorat die Notwendigkeit von getrennten Tastaturen, Computermäusen und Unterlagen für den Laptop, um diesen höher zu stellen.

Mir ist zwar ein Fall bekannt, in dem Mitarbeiter die gesamte Technik (Desktop-Rechner, Bildschirme, usw.) vom Büro nach Hause übersiedelten und wieder retour. Für zeitlich befristete Ausnahmefälle (wie der Kontaktbeschränkung im Rahmen der Pandemie-Bekämpfung) mag das vertretbar sein, für einen dauerhaften Homeoffice-Arbeitsplatz wird der Arbeitgeber die betreffenden Mitarbeiter mit der erforderlichen (zusätzlichen) Technik ausstatten (müssen). Dies insbesondere deshalb, weil Mitarbeiter beim Arbeiten im Homeoffice keine privaten Endgeräte benutzen sollten (siehe Abschnitt Datenschutz & IT-Sicherheit).

Stellen Sie als Arbeitgeber eventuell Schreibtische und Bürostühle für das Homeoffice Ihrer Mitarbeiter zur Verfügung (wozu Arbeitgeber nicht verpflichtet sind), dann müssen diese Einrichtungsgegenstände sämtlichen ergonomischen Gesichtspunkten (Bestimmungen des ArbeitnehmerInnenschutzgesetzes ASchG bezüglich Ergonomie) entsprechen. Überlegen Sie sich also gut, ob Sie das tun.

Grundsätzlich sind Arbeitsunfälle solche Unfälle, die sich im örtlichen, zeitlichen und ursächlichen Zusammenhang mit der versicherten Beschäftigung ereignen – davon umfasst ist auch das Homeoffice. Das bedeutet, dass sich der Versicherungsschutz im Homeoffice grundsätzlich nur auf die berufliche Tätigkeit erstreckt. Haushaltsunfälle sind nicht umfasst. Strittig war zu Beginn der „Homeoffice-Welle" im Rahmen der Corona-Pandemie, ob Unfallversicherungsschutz unter anderem beim Gang zur Toilette oder beim Einnehmen des Mittagessens besteht. Vorerst wurde klargestellt, dass der Versicherungsschutz beim Verrichten lebensnotwendigen Bedürfnisse auch im Homeoffice besteht.[2]

Homeoffice aus Sicht der Datenschutzbehörde

Aus Sicht der österreichischen Datenschutzbehörde gilt es im Homeoffice zu beachten, dass insbesondere die Vorgaben für die

---

[2] Diese ursprünglich bis 31. März 2021 befristete Regelung wird im Rahmen des gesetzlichen „Homeoffice-Paketes" (höchstwahrscheinlich) dauerhaft beziehungsweise bis zum Jahr 2023 verlängert.

Datensicherheit gemäß Artikel 32 Absatz 1 der Datenschutz-Grundverordnung DSGVO („Sicherheit der Verarbeitung“) anzuwenden sind.

Dort ist nachzulesen, dass „unter Berücksichtigung des Stands der Technik, der Implementierungskosten und der Art, des Umfangs, der Umstände und der Zwecke der Verarbeitung sowie der unterschiedlichen Eintrittswahrscheinlichkeit und Schwere des Risikos für die Rechte und Freiheiten natürlicher Personen“ geeignete technische und organisatorische Maßnahmen zu treffen sind, um ein dem Risiko angemessenes Schutzniveau zu gewährleisten. Welche Maßnahmen das konkret sein können und sollen, beleuchte ich im Kapitel „Datenschutz & IT-Sicherheit“ näher.

Darüber hinaus stellt die Datenschutzbehörde auf ihrer Internetseite ein Informationsblatt zur Verfügung. Die Datenschutzbehörde regt an, dass Arbeitgeber dieses Informationsblatt mit ihren Arbeitnehmern teilen. Neben allgemeinen Hinwiesen zum Thema Homeoffice finden sich darin Beispiele für Fälle von Cyberkriminalität und mögliche Social Engineering-Attacken.

Das Informationsblatt der Datenschutzbehörde finden Sie auf meiner Internetseite unter www.andreasdolezal.at/homeoffice zum Download.

Homeoffice aus Sicht des Arbeitsinspektorats

Die Schwerpunkte im Arbeitsschutz liegen aus Sicht des österreichischen Arbeitsinspektorats insbesondere auf der ergonomischen Gestaltung des Bildschirmarbeitsplatzes und dem Umgang mit psychischen Belastungen, die sich durch Telearbeit ergeben können.

Wie bereits erwähnt kommen bei der Telearbeit beziehungsweise im Homeoffice viele Regelungen des ArbeitnehmerInnenschutzgesetzes ASchG zur Anwendung. Arbeitsschutzvorschriften, die sich auf die Arbeitsstätten beziehen (Arbeitsstättenverordnung AStV), wie zum Beispiel die Raumhöhe, gelten hingegen nicht für das Homeoffice. Trotzdem weist das Arbeitsinspektorat darauf hin, dass beispielsweise Belichtung und Beleuchtung, Platzverhältnisse, Lufttemperatur und Verlegung von Kabeln jedenfalls in der Arbeitsplatzevaluierung zu berücksichtigen sind.

Da grundsätzlich weder der Arbeitgeber noch das Arbeitsinspektorat Zugang zu Privaträumen haben, ist es nicht möglich, vor Ort Mängel zu erkennen und zu beheben sowie konkrete anlassbezogene Verbesserungsvorschläge einzubringen. Zugang ist nur möglich, wenn Arbeitnehmer ausdrücklich zustimmen oder auf deren Wunsch zu Beratungszwecken oder zur Durchführung von Evaluierungen. Daher kommen der Information und Unterweisung der Mitarbeiter, die von Zuhause aus arbeiten, besondere Bedeutung zu.

Überlegen Sie sich als Arbeitgeber, ob und wie Sie Ihre Mitarbeiter auf das richtige und sichere Arbeiten im Homeoffice einschulen.

Homeoffice aus Sicht des Finanzamtes

Im Zusammenhang mit dem Homeoffice stellt sich natürlich die Frage nach der steuerlichen Abzugsfähigkeit der damit verbundenen Kosten. Obwohl mich bei den folgenden Zeilen meine erfahrene Steuerberaterin und Wirtschaftsprüferin unterstützt hat, rate ich Ihnen, für die individuelle Antwort auf diese Frage der Abzugsfähigkeit Ihren persönlichen Steuerberater zu konsultieren. Nachdem Sie den folgenden Abschnitt gelesen haben, werden Sie wissen warum. Nicht umsonst gilt das österreichische Steuerrecht als kompliziert.

Die ewige Frage unter selbständigen Unternehmern ist, ob Kosten (für Einrichtungsgegenstände usw.) und Aufwendungen (Miete,

Strom, Heizung usw.) für das in der Privatwohnung oder im privaten Haus gelegene Arbeitszimmer von der Steuer, genauer gesagt von der Einkommensteuer, abgesetzt werden können. Die korrekte Antwort auf diese Frage lautet: ja und nein. Einige Voraussetzungen müssen jedenfalls gegeben sein. Ihr im Wohnungsverband gelegenes Arbeitszimmer und dessen Einrichtung sind jedenfalls nur dann abzugsfähig, wenn es den Mittelpunkt Ihrer gesamten betrieblichen und beruflichen Tätigkeit bildet.

Generell werden die Aufwendungen für Arbeitszimmer im Wohnungsverband vom Finanzamt anerkannt, wenn der Raum oder die Räume sowohl für den bestimmten Zweck als auch hinsichtlich der Ausstattung typisch sind und daher eine private Nutzung nicht anzunehmen ist. Klassische Beispiele hierfür sind Ordinationsräume eines Zahnarztes oder praktischen Arztes, Foto-, Film- und Tonaufnahmestudios, Lagerräume (wenn das private Nutzen ausgeschlossen ist) oder Werkstätten.

Steuerrechtlich zu prüfen ist hingegen die Abzugsfähigkeit von Arbeitszimmern, die eher den Charakter eines Wohn- oder Büroraumes aufweisen. Relevant ist in diesem Zusammenhang, was die Finanzbehörde als „Wohnungsverband“ ansieht. Ein Arbeitszimmer liegt dann im Wohnungsverband, wenn es sich in derselben gemieteten oder im Eigentum befindlichen Wohnung oder im privaten Wohnhaus oder auf demselben Grundstück befindet. Ein klares Indiz für einen Wohnungsverband ist, wenn das Arbeitszimmer von den privaten Wohnräumen aus begehbar ist.

Steuerlich anerkannt werden Kosten und Aufwendungen für ein Arbeitszimmer sowie dessen Einrichtungsgegenstände grundsätzlich nur, wenn die Art der Tätigkeit den Aufwand unbedingt notwendig macht. Darüber hinaus darf der zum Arbeitszimmer umfunktionierte Raum tatsächlich ausschließlich (oder nahezu ausschließlich) beruflich genutzt werden.

Bei dieser Betrachtung wird auf den Mittelpunkt jeder einzelnen (Gewerbe-)Tätigkeit und Einkunftsquelle abgestellt. Die Finanzbehörde prüft erstens hinsichtlich des typischen Berufsbildes, also ob es für die jeweilige Tätigkeit typisch ist, dass sie (nahezu) ausschließlich im Arbeitszimmer ausgeübt wird. Das ist beispielsweise anzunehmen bei Schriftstellern, Gutachtern oder dauerhaft von Zuhause aus arbeitenden Heimarbeitern, nicht hingegen bei Lehrern, Vortragenden oder selbständigen Unternehmensberatern, denn prägend für deren Tätigkeiten sind die außerhalb des Arbeitszimmers erbrachten Leistungen. Wenn für eine gewerbliche oder freiberufliche Tätigkeit ein Büro oder eine Kanzlei außerhalb des Wohnungsverbands vorhanden sind, wird ebenfalls kein Arbeitszimmer in den eigenen vier Wänden anerkannt.

Als ob das nicht schon kompliziert genug wäre, prüft die Finanzbehörde zweitens bezogen auf die Einkunftsquellen, ob das Arbeitszimmer den Mittelpunkt der gesamten beruflichen Tätigkeit darstellt. Dabei ist es relevant, ob jemand mehrere (Gewerbe-)Tätigkeiten ausübt, und ob diese als eine Einkunftsquelle oder eigenständige Einkunftsquellen zu sehen sind. Mehrere Einkunftsquellen liegen jedenfalls dann vor, wenn die einzelnen Tätigkeiten unter verschiedene Einkunftsarten fallen, also beispielsweise Einkünfte aus einem Gewerbetrieb parallel zu Einkünften aus nichtselbständiger Arbeit erzielt werden.

Nur wenn das Prüfen der Einkunftsquellen bei einem einzigen Berufsbild ergibt, dass die Tätigkeit typischerweise im Arbeitszimmer ausgeübt wird, sind die Aufwendungen abzugsfähig. Wird ein Arbeitszimmer hingegen für mehrere Tätigkeiten genützt, die verschiedenen Berufsbildern zugeordnet werden, kommt es darauf an, welche der Tätigkeiten hinsichtlich der erzielten Einnahmen überwiegt (mehr als fünfzig Prozent).

Oben drauf kommt zusätzlich die Frage der Umsatzsteuer beziehungswiese des Vorsteuerabzuges. Sowohl bei Einkommen- als auch Umsatzsteuer gilt, dass die Nutzfläche des Arbeitszimmers im Verhältnis zur Nutzfläche des gesamten Wohnungsverbandes betrachtet wird. In Ausmaß dieses Verhältnisses sind die Aufwendungen ansetzbar.

Spätestens jetzt ist Ihnen vermutlich klar, dass Sie für die individuelle Detailbetrachtung die Unterstützung Ihres Steuerberaters benötigen.

Die Voraussetzungen für die steuerliche Absetzbarkeit eines Arbeitszimmers erfüllen Sie jedenfalls nicht, wenn Sie sich den Homeoffice-Arbeitsplatz in einem Raum einrichten, den Sie (teilweise oder überwiegend) auch privat nutzen, wie beispielsweise das Esszimmer oder Wohnzimmer. Ohne steuerlich anerkanntes Arbeitszimmer sind vom Abzugsverbot auch jene Einrichtungsgegenstände umfasst, die Sie ausschließlich beruflich nutzen (wie etwa Schreibtisch, Schrank, Lampe).

Die IT-Ausstattung, die Sie beruflich nutzen, wie zum Beispiel Laptop, Bildschirm, Drucker, Kopier- und Faxgerät, bleiben hingegen auch dann abzugsfähig, wenn sie im privaten Wohnbereich oder einem nicht steuerlich anerkannten Arbeitszimmer verwendet werden. Das jeweilige Verbrauchsmaterial, wie Papier und Toner, ist ebenfalls abzugsfähig.

Genauso wie für Selbständige ist es für Arbeitnehmer, die im Homeoffice arbeiten, schwer bis unmöglich, ein Arbeitszimmer steuerlich geltend zu machen. Aber ein paar Aufwendungen, die nicht vom Arbeitgeber getragen werden, können dennoch ganz oder teilweise von der Steuer abgesetzt werden. Das gesetzlich verankerte „Homeoffice-Paket“ wird (höchstwahrscheinlich) einen allgemeinen Absetzbetrag, zum Beispiel für ergonomische Möbel, in der Höhe von 300 Euro pro Jahr vorsehen.

Nutzen Sie das private Telefon oder den privaten Laptop (was ich Ihnen aus datenschutzrechtlicher Sicht gar nicht empfehle), dann können die jeweiligen Anschaffungskosten anteilig, also nach Abzug eines Privatanteils (denkbar sind fünfzig Prozent), steuerlich geltend gemacht werden. Hat der Anschaffungspreis mehr als achthundert Euro betragen, muss er auf drei Jahre Nutzungsdauer verteilt werden.

Mehrkosten für einen Telefontarif mit mehr Sprachminuten oder für einen Internettarif mit größerem Datenvolumen können ebenso steuerlich berücksichtigt werden, ebenso beruflich notwendiges Verbrauchsmaterial wie Druckerpatronen und Kopierpapier.

Homeoffice aus arbeitspsychologischer Sicht

Das österreichische Arbeitsinspektorat verweist unter anderem auf die Empfehlungen der deutschen Bundesanstalt für Arbeitsschutz und Arbeitsmedizin, kurz BAUA. Diese empfiehlt beispielsweise, dass auch bei Telearbeit beziehungsweise im Homeoffice die tägliche Arbeitszeit nicht mehr als acht Stunden betragen soll, um Fehler zu vermeiden sowie Konzentrationsfähigkeit und Gesundheit nicht zu beeinträchtigen. Pausen dienen dem Erhalt der Leistungsfähigkeit.

Gesetzliche Ruhezeiten gelten natürlich auch beim Arbeiten im Homeoffice, wobei auch kurze Unterbrechungen der Ruhezeiten, um beispielsweise am Wochenende den Posteingang zu checken oder berufliche Telefonate zu führen, negative Auswirkung auf die Erholung und die Leistungsfähigkeit am nächsten Tag haben. Spät abends (nach 22:00 Uhr) oder am (freien) Wochenende sollte nach Möglichkeit nicht gearbeitet werden.

Die Bundesanstalt für Arbeitsschutz und Arbeitsmedizin weist unter anderem darauf hin, dass die klare Trennung von Arbeit und Freizeit wichtig ist für die Erholung und Regeneration. Arbeitgeber und Kollegen sollten es daher vermeiden, außerhalb der vereinbarten Arbeitszeiten beruflichen Kontakt mit Mitarbeitern im Homeoffice aufzunehmen.

BYOD: Bring your own device

BYOD bedeutet frei übersetzt „Bring dein eigenes (privates) Endgerät“, und stellt quasi den umgekehrten Fall zum privaten Nutzen eines Dienstwagens oder des Firmen-Smartphones dar. Während

Dienstwagen und Firmen-Smartphones zumeist auch privat genutzt werden dürfen, geht es bei BYOD darum, dass IT-Endgeräte wie Smartphones oder Laptops, die im Privateigentum des Mitarbeiters stehen, auch für berufliche Zwecke genutzt werden. Grundsätzlich ist der Begriff „Device" weit gefasst. Als „Device" können nicht nur elektronische Geräte wie Smartphones, Festnetztelefone, Laptops, Tablets und Desktop-Rechner angesehen werden, sondern ebenso Auto oder Kleidung. Im Fokus von BYOD stehen jedoch IT-Endgeräte und deren Anschlüsse.

Ich kenne Unternehmen, die zum Beispiel allen Mitarbeitern SIM-Karten mit einem umfangreichen Telefon- und Datentarif zur Verfügung stellen. Diese Firmen-SIM-Karte im privaten Smartphone können alle Mitarbeiter sowohl beruflich als auch privat nutzen. Problematisch daran ist, dass dabei beruflich genutzte (personenbezogene) und private Daten vermischt werden. Es ist beinahe unmöglich, bei solch einem Durcheinander von (personenbezogenen) Daten die gesetzlichen Vorschriften zum Datenschutz – Stichwort Datenschutz-Grundverordnung DSGVO – einzuhalten. Selbst klare Regeln für BYOD (und die muss es für das berufliche Nutzen von privaten Endgeräten jedenfalls geben!) können dieses Problem nicht endgültig lösen.

Bedenken Sie, dass Sie als für den Datenschutz und das Verarbeiten personenbezogener Daten verantwortlicher Unternehmer für die Sicherheit, Integrität und Vertraulichkeit der Daten – auch auf privaten BYOD-Endgeräten Ihrer Mitarbeiter – haften. Genauso sind Sie als Chef für den Schutz von Betriebsgeheimnissen verantwortlich. Erlauben Sie Ihren Mitarbeitern das berufliche Nutzen privater Endgeräte wie Smartphones oder Laptops, mit denen diese privat streamen, surfen, gamen, shoppen und so weiter, dann verlieren Sie als letztverantwortlicher Unternehmer weitgehend die Kontrolle über das Einhalten und Befolgen von Maßnahmen zum Datenschutz und IT-Sicherheit.

Durch das Vermischen beruflich genutzter und privater personenbezogener Daten entsteht aus Sicht des gesetzlichen Datenschutzes ein unlösbarer Knoten. Dessen müssen Sie sich bewusst sein, wenn Sie in Ihrem Unternehmen BYOD zulassen. Daher ist von der beruflichen Nutzung privater Endgeräte – auch im Homeoffice – abzuraten. Viel besser und datenschutzrechtlich sauberer sind getrennte Endgeräte für Beruf und Freizeit.

Aus arbeitsrechtlicher Sicht bringt BYOD zahlreiche Schwierigkeiten mit sich. Arbeitgeber dürfen nicht einfach auf die privaten Endgeräte der Mitarbeiter zugreifen oder den Einsatz kontrollieren. Selbst wenn Sie Ihren Mitarbeitern tiefes Vertrauen entgegenbringen und auf die Kontrolle der Nutzung keinen Wert legen, wird es Situationen geben, in denen Sie eventuell trotzdem auf die BYOD-Endgeräte Ihrer Mitarbeiter zugreifen wollen oder sogar müssen. Denken Sie nur an längere Abwesenheiten (zum Beispiel Dienstreisen, Urlaub, Krankheit) eines Mitarbeiters, der unverzichtbare Daten und Informationen auf seinem beruflich genutzten, aber privaten Laptop gespeichert hat. Auch in solchen Ausnahmefällen kann der Zugriff auf BYOD-Endgeräte, die im Eigentum des Mitarbeiters stehen, ungerechtfertigt sein und unangenehme Konsequenzen für Sie als Arbeitgeber haben – Notfall hin oder her.

Verzichten Sie auf BYOD, umgehen Sie die eventuell zu Streitigkeiten führende Frage, wer für Beschädigung oder Verlust eines beruflich genutzten privaten Endgerätes haftet beziehungsweise bezahlt. Grundsätzlich sieht das Allgemeine Bürgerliche Gesetzbuch ABGB vor, dass Arbeitgeber dem Arbeitnehmer alle Schäden an privaten Gegenständen ersetzen müssen, die beim Erfüllen dienstlicher Aufgaben infolge erhöhter typischer Gefahren entstanden sind, sofern den Arbeitnehmer kein oder nur geringfügiges Verschulden trifft. Alleine diese Definition wirft Fragen auf, im Fall der Fälle kann es auch zu Diskussionen mit dem betreffenden Mitarbeiter kommen.

Stellen Sie Ihren Mitarbeitern hingegen die notwenigen Arbeitsmittel für das Arbeiten von Zuhause aus zur Verfügung und schließen die private Nutzung aus (beziehungsweise legen klare und enge

Grenzen für das geringfügige private Nutzen fest), dann haben Sie im Anlassfall sehr wohl das Recht, auf diese Endgeräte zuzugreifen.

Daher ist es datenschutzrechtlich, arbeitsrechtlich sowie aus Sicht des Urheber- und Steuerrechts jedenfalls ratsam, als Arbeitgeber die erforderliche und geeignete Hardware beziehungsweise IT-Infrastruktur bereitzustellen und BYOD generell zu verbieten. Nachdem BYOD auf beiderseitiger Freiwilligkeit beruht, steht es Ihnen als Arbeitgeber frei, dies zu tun. Umgekehrt besteht für Arbeitnehmer aber auch keine Pflicht, private Endgeräte beruflich zu nutzen. Auf der sicheren Seite sind Sie als für den Datenschutz verantwortlicher Unternehmer jedenfalls nur ohne BYOD.

Cyber-Versicherung

Gegen Vermögensschäden (also keine Sach- und Personenschäden), die auf Grund einer erfolgreichen Cyber-Attacke oder einer Datenschutzverletzung entstehen, bieten manche Versicherungen so genannte Cyber-Versicherungen an. Im Unterschied zu einer traditionellen Haushalts- beziehungsweise Hausratsversicherung, die nur IT-Geräte versichert, die privat genutzt werden (inklusive gegebenenfalls einer geringfügigen betrieblichen Nutzung), bezieht sich eine betriebliche Cyber-Versicherung auf elektronischen Daten (inklusive Software und Anwendungen) und IT-Systeme, die zum Ausüben von betrieblichen oder beruflichen Tätigkeiten genutzt werden.

Vor dem Abschluss so einer derartigen Versicherung sollten Sie sich jedenfalls von einem unabhängigen Versicherungsmakler beraten lassen, der Ihnen unter anderem die Feinheiten in den Versicherungsbedingungen erklärt und die einzelnen Bausteine der Versicherung auf Ihre individuellen Erfordernisse anpasst.

Zur Klarstellung: Cyber-Versicherungen ersetzen nicht technische, organisatorische und personelle Maßnahmen. Ganz im Gegenteil. Viel mehr werden Sie in den Vertragsbedingungen dazu verpflichtet, eine ganze Liste von Maßnahmen im Alltag umzusetzen. Dazu gehören beispielsweise das Nutzen ausreichend komplexer Passwörter, Firewalls und Zwei-Faktor-Authentifizierung, das Verschlüsseln von Datenträgern und unverzügliche Installieren von Sicherheitsupdates sowie das regelmäßige Sichern von Daten. Vernachlässigen Sie auch nur eine der vorgeschriebenen Maßnahmen, setzen Sie sich der Gefahr aus, dass im Fall der Fälle kein oder nur eingeschränkter Versicherungsschutz besteht.

Umfasst von Cyber-Versicherungen, deren Abschluss sich jeder Unternehmer zumindest einmal überlegen sollte, ist der Schutz eines (Einzel-)Unternehmens vor Schäden, die zum Beispiel durch erfolgreiche Cyber-Attacken entstehen. Ob der Versicherungsschutz allerdings den Arbeitsplatz in den privaten vier Wänden der Arbeitnehmer oder Mitarbeiter umfasst, ist fraglich.

Als Arbeitgeber beziehungsweise Versicherungsnehmer werden Sie in der Praxis kaum sicherstellen können, dass sämtliche Maßnahmen, die Ihnen die Versicherung verpflichtend vorschreibt, von den Mitarbeitern im Homeoffice auch tatsächlich und tagtäglich eingehalten werden. Zumal Sie, wie bereits erwähnt, kein Recht darauf haben, dies in den Privaträumen der Mitarbeiter zu kontrollieren (noch dazu laufend).

Obwohl einige Versicherungsgesellschaften „Homeoffice-Bausteine“ als Zusatz anbieten, sehen Versicherungsmakler, mit denen ich über dieses Thema gesprochen habe, das Homeoffice im Hinblick auf Schäden durch Cyber-Attacken und Datenschutzverletzungen als „strittig im Schadensfall“ an. Soll heißen, im Falle eines eingetretenen Schadens wird es zu Diskussionen mit der Versicherung kommen. Als Datenschutz-Experte, der die gelebte Praxis in großen und kleinen Unternehmen kennt, schließe ich mich dieser Meinung an. Nicht ausgeschlossen ist allerdings, dass sich Versicherungsgesellschaften dem Thema Homeoffice in Zukunft intensiver widmen und neue Tarifmodelle anbieten werden.

Gestalten & einrichten

Einrichten, gestalten & organisieren

Ein gutes Homeoffice ist keine Hängematte, in der sich entspannt träumen oder faulenzen lässt. Trotzdem sollten Sie sich in Ihrem Homeoffice wohl fühlen. Im Fokus steht natürlich, dass Sie konzentriert arbeiten können. Wohlfühlen UND produktiv arbeiten, beides bietet ein gut und sicher eingerichteter Heimarbeitsplatz.

Alle hier im Folgenden genannten Tipps habe ich in einer kompakten Checkliste zusammengefasst, die Sie zum Download auf meiner Internetseite unter www.andreasdolezal.at/homeoffice finden.

Wohn- und Arbeitsbereich trennen

Das möglichst klare Abgrenzen von (privatem) Wohnbereich und (beruflichen) Arbeitsbereich muss unbedingt gegeben sein. Ideal ist es, wenn Sie für das Homeoffice einen eigenen, separaten Raum zur Verfügung haben. Viele Selbständige, die standardmäßig von Zuhause aus arbeiten und eventuell Kunden empfangen, haben so einen Büroraum. Arbeitnehmer, die vielleicht nur für bestimmte Zeit ins Homeoffice übersiedeln, haben diese bevorzugte Möglichkeit oftmals nicht. Jedenfalls sollte der Arbeitsbereich vom Wohnbereich der Familie möglichst klar abgegrenzt sein.

Ein eigenes Arbeitszimmer hat den Vorteil, dass Sie sich zum Arbeiten wirklich zurückziehen können. Sie können die Tür schließen und signalisieren damit der Familie (und herumlaufenden Haustieren) klar, dass Sie im Arbeitsmodus sind und nicht gestört werden wollen. Am Ende eines Arbeitstages können Sie das Homeoffice abschließen und sicher sein, dass über Nacht nichts durcheinandergebracht wird. Denn auch im Sinne von Datenschutz und IT-Sicherheit muss gewährleistet sein, dass unbefugte Personen (und dazu zählen auch Lebenspartner und Kinder) keinen Zugriff auf geschäftliche Daten, IT-Geräte und Dokumente haben.

Ein separater Raum für das Homeoffice ist aber in vielen Fällen absoluter Luxus und, aus welchen Gründen auch immer, nicht verfügbar. Dann bleibt Ihnen nichts anders übrig als einen Kompromiss zu finden. Gibt es ein Zimmer, dass tagsüber beziehungsweise während der Arbeitszeit nicht oder kaum genutzt wird? Zum Beispiel ein Esszimmer oder ein Wirtschaftsraum. Die Couch im Wohnzimmer ist ebenso kein geeigneter Arbeitsplatz wie das Bett im Schlafzimmer. In welcher Ecke des Hauses oder der Wohnung ist es tagsüber am ruhigsten? Wo haben Sie noch am allermeisten die Chance, ungestört arbeiten zu können? Diesen Platz reservieren Sie sich für Ihr Homeoffice. Vielleicht können Sie diesen Platz mit einem Regal, einer mobilen Trennwand, Pflanzen oder einem Paravent vom Wohnbereich abgrenzen.

Das Trennen von Arbeits- und Wohnbereich trägt dazu bei, dass Sie abends besser entspannen können ohne permanent ans Büro erinnert zu werden und die Gedanken laufend um die Arbeit kreisen zu lassen. Nur wenn Sie abschalten und sich regenerieren können, sind Sie bei der Arbeit produktiv. Es geht also nicht nur um das räumliche Abgrenzen von Arbeits- und Wohnbereich, sondern auch um das mentale. Unter anderem deshalb sind Couch und Bett vollkommen ungeeignete Arbeitsplätze.

Die hinterste, finsterste Ecke der Wohnung oder das dunkelste Kämmerchen im Keller des Hauses sind kein geeigneter Arbeitsplatz, denn Sie verbringen viel Zeit im Homeoffice und brauchen daher Licht und Luft. Ein Fenster in der Nähe verschafft Ihnen nicht nur Licht und Luft, sondern trägt durch Tageslicht viel zum Wohlfühlen bei. Achten Sie dabei aber, dass Ihnen durch das Fenster niemand ungewollt beim Arbeiten zusehen kann oder gar direkt Blick auf den Bildschirm hat.

Ich weiß, das ist oftmals leichter gesagt als getan. Gerade dann, wenn Sie beispielsweise in einer eher kleinen Mietwohnung Zuhause sind. Trotzdem kann ich Ihnen nur eindringlich empfehlen, sich darüber Gedanken zu machen. So klein oder „kreativ" der Kompromiss auch sein mag, den Sie auf Grund Ihrer Wohnsituation eingehen müssen, Sie müssen einen finden. Sonst werden Sie sich in Ihrem Homeoffice niemals richtig wohlfühlen.

Arbeitsplatz ergonomisch gestalten

Wer sich sein Homeoffice am Esstisch einrichtet und dabei auf einem herkömmlichen Esstisch-Sessel sitzt, merkt sehr bald, dass das alles andere als ein idealer, geschweige denn ergonomischer Arbeitsplatz ist. Es wird nicht lange dauern, bis sich Rücken- und Schultermuskulatur schmerzhaft bemerkbar machen. Und Sie ermüden schneller. Ich spreche aus Erfahrung.

Die Tischfläche eines Esstisches ist zwar nur etwa 10 Zentimeter höher als die eines Schreibtisches, aber auf Dauer machen diese paar Zentimeter den Unterschied aus. Dazu kommt, dass Sie für die Höhe der Tischfläche auf einem herkömmlichen Esstisch-Sessel in der Regel zu tief sitzen. Die Kombination aus Esstisch und zugehörigem Standard-Sessel wird ergonomischen Gesichtspunkten eines Arbeitsplatzes nicht gerecht. Couch und Couchtisch schon gar nicht.

Wenn am Nutzen eines Esstisches als Arbeitsfläche kein Weg vorbeiführt, weil für einen Schreibtisch kein Platz ist, dann brauchen Sie zumindest einen professionellen Bürostuhl, der höhenverstellbar ist. Die ideale Lösung ist das zwar nicht, aber mit der Höhenverstellung eines Bürostuhls können Sie das Verhältnis zwischen Sitzhöhe und Arbeitsfläche in den meisten Fällen zumindest so anpassen, dass schmerzfreies Arbeiten möglich ist. Ob Sie einen Bürostuhl mit verstellbaren Armlehnen bevorzugen, ist Geschmackssache. Eine Lordosenstütze fördert jedenfalls bei richtiger Anwendung das gesunde Sitzen, weil sie den Lendenbereich gezielt unterstützt.

Bürostühle sind meist mit Gleitrollen versehen. Einerseits können diese beim Kauf je nach vorhandenem Boden (zum Beispiel Laminat oder Teppich) ausgewählt werden, andererseits ist nicht jeder Bodenbelag für Standard- oder Universalrollen geeignet. Insbesondere klassische Parkettböden leiden unter zu harten Rollen von Schreibtischsesseln. Achten Sie also auf Gleitrollen, die zu Ihrem Boden passen. Oder organisieren Sie sich für die Fläche, auf der Ihr Bürostuhl steht und sich bewegt, eine Unter- beziehungsweise Auflage. Das kann sowohl Teppich sein als auch eine professionelle Bodenschutzmatte.

Ziel muss es sein, Ihre körperliche und psychische Gesundheit zu gewährleisten und gleichzeitig produktives arbeiten zu ermöglichen. Dabei sollten Sie individuelle körperliche Aspekte wie Körpergröße und Körpergewicht berücksichtigen. Ober- und Unterarm sowie Ober- und Unterschenkel sollen (wenn Ihre Füße flach auf dem Boden stehen) einen 90-Grad-Winkel bilden. Dabei kann eine Fußstütze helfen. Handflächen und Ellenbogen sollen mit Maus und Tastatur auf einer Ebene liegen.

Der Abstand zwischen Ihren Augen und dem Monitor beträgt, je nach Bildschirmdiagonale des Monitors, mindesten fünfzig bis etwa achtzig Zentimeter. Der Bildschirm soll dabei so positioniert sein, dass er direkt vor Ihnen steht und der obere Bildschirmrand auf Augenhöhe beziehungsweise leicht unterhalb der horizontalen Blickebene liegt. Um in die Bildschirmmitte zu schauen, sollten Sie den Blick etwas senken müssen. Dabei hilft ein höhenverstellbarer Monitor.

Liegen die Handflächen auf Tastatur oder Maus, sollte der Blick etwa in einem 60-Grad-Winkel nach unten gerichtet sein. Eine Tastatur mit einer Auflage für die Handballen kann die Handgelenke spürbar entlasten.

Denken Sie daran, auch im Stehen arbeiten zu können. Ihre Rücken- und Schultermuskeln werden es Ihnen danken. Falls Sie nicht den Luxus eines Schreibtisches mit höherverstellbarer Arbeitsfläche besitzen, leistet ein kleiner Beistelltisch gute Dienste mit dem Sie

Laptop oder Tastatur und gegebenenfalls den Monitor höher positionieren können, um im Stehen zu tippen und zu lesen. Vor einem Stapel Bücher warne ich eher, weil die Stabilität leidet. Ab und zu (und wenn ich die Wohnung tagsüber für mich alleine habe, also trotzdem ungestört arbeiten kann) gestatte ich es mir beispielsweise mit hochgelagerten Beinen von der Couch aus zu arbeiten. Dazu habe ich mir eine passende Schenkelauflage für den Laptop gekauft, die ein halbwegs ergonomisches arbeiten gewährleistet. Auf Dauer ist die Couch aber kein passender Arbeitsplatz.

Berücksichtigen Sie bei der Wahl des Homeoffice-Arbeitsplatzes die Lage zu Fenstern. Idealer Weise reduzieren Sie Spiegelungen am Bildschirm sowie Blendungen durch die Sonne dadurch, dass der Arbeitsplatz im 90-Grad-Winkel zum Fenster eingerichtet ist und die Blickachse parallel zur Fensterfront verläuft.

Für gutes Licht sorgen

Die Lichtverhältnisse im Büro und Homeoffice spielen eine wichtige Rolle. Das richtige Licht sorgt für das optimale Ausleuchten des Arbeitsplatzes und schont die Augen. Weder natürliches noch künstliches Licht sollen auf dem Bildschirm Spiegelungen hervorrufen oder blenden. Ist das der Fall, muss entweder der Schreibtisch anders gestellt oder die Lichtquelle versetzt werden, weil das auf Dauer zu Lasten Ihres Sehvermögens geht.

Im Idealfall nutzen Sie das natürliche Sonnen- beziehungsweise Tageslicht. Zusätzlich zu einer Stehlampe am Schreibtisch sind Hängeleuchten empfehlenswert, die den ganzen Raum ausleuchten. Diese Lichtquellen dürfen ebenfalls nicht blenden beziehungsweise dürfen Sie nicht direkt in die Lichtquelle blicken. Wie schon erwähnt soll der Schreibtisch im 90-Grad-Winkel zum Fenster stehen, damit das Licht von rechts (bei Linkshändern) oder links (bei Rechtshändern) einfällt. Das Tageslicht soll keinesfalls direkt von vorne oder hinten einfallen. Lässt sich das nicht vermeiden, dann sind Vorhänge oder Jalousien eine denkbare Lösung.

Besteht die Gefahr, dass unbefugte Personen durch das Fenster auf den Monitor sehen können, dann versehen Sie den oder die Bildschirme mit Sichtschutzfolien. Diese erlauben das Erkennen und Lesen der dargestellten Inhalte nur wenn frontal darauf geschaut wird, nicht aber schräg von der Seite. Sie kennen diese Technik möglicherweise von den Bildschirmen der Geldausgabeautomaten in Banken. Schon der Blick von leicht seitlich lässt nichts mehr am Display erkennen.

Ausreichend Platz und Stauraum schaffen

Gerade in beengten Wohnverhältnissen kann es schwierig sein, ausreichend Platz für den Heimarbeitsplatz zu schaffen. Eine Arbeitsfläche von etwa 160 mal 80 Zentimetern sollte es dennoch sein. Zusätzlich lassen sich auch kleinere Flächen, zum Beispiel als Ablage, nutzen.

Obwohl uns allen seit Jahrzehnten das papierlose Büro prophezeit wird, sammelt sich im Homeoffice mit der Zeit wahrscheinlich doch eine Menge Papier an. Dafür benötigen Sie Stauraum, denn dienstliche Dokumente müssen auch im Homeoffice sicher verwahrt werden. Außerdem muss der Zugriff durch unbefugte Personen – und dazu zählen auch Lebenspartner und Kinder – verhindert werden. Wenn es der Platz erlaubt, dann ist ein versperrbarer Aktenschrank die ideale Lösung. Alternative können es ein abschließbarer Kasten oder Rollcontainer sein.

Wenn Ihr Homeoffice mit Drucker, Scanner oder Faxgerät ausgestattet ist, dann müssen Sie dafür einen geeigneten Platz finden – und zwar idealer Weise in unmittelbarer räumlicher Nähe zum Arbeitsplatz beziehungsweise Rechner, an dem beispielsweise der Drucker angeschlossen ist. Selbst wenn die externen Geräte kabellos verbunden sind, sollten Sie nicht in der ganzen Wohnung oder im ganzen Haus verteilt positioniert sein. Sie können sonst die gebotene Vertraulichkeit von geschäftlichen Informationen nicht gewährleisten.

Fliegende Verkabelung vermeiden

Nach wie vor werden viele IT-Geräte wie Laptop, Bildschirm, Lautsprecher und Drucker untereinander mit Kabeln verbunden. Mit Strom werden die allermeisten Geräte im Homeoffice aus der Steckdose, also via Netzkabel, versorgt. Vermeiden Sie dabei fliegende Verkabelungen. Kabelstränge, die über den Boden verlaufen, sollten mit einem Kabelschacht abgedeckt werden. Die Gefahr, dass aus Unachtsamkeit Kabel aus Steckdosen, USB- oder HDMI-Anschlüssen usw. herausgerissen werden (was womöglich das ganze Gerät unbrauchbar macht) oder jemand (Familie, Kinder, Besucher usw.) über frei herumliegende Kabel stolpert, ist einfach zu groß.

Aus eigener Erfahrung kann ich erzählen, dass mit frei herabhängenden Kabeln gerne meine beiden Katzen gespielt haben. In ihrem unendlichen Spieltrieb haben sie einen Lautsprecher vom Tisch gezogen, der krachend auf dem Boden landete und natürlich kaputt war. Ich will gar nicht dran denken was passiert wäre, wenn sie meinen großen Monitor vom Tisch gezogen hätten. Einen Tag später waren meine Kabel in einem Spiralschlauch gebündelt, am Tischbein fixiert und sicher verlegt.

Persönliche Note darf sein

Selbstverständlich dürfen Sie dem Homeoffice Ihre persönliche Note verleihen. Damit schaffen Sie sich eine angenehme Wohlfühl-Atmosphäre. Ob Sie das mit Farben oder speziellen Materialien machen, mit Fotos von Familie und Freunden, bunten Zeichnungen Ihrer Kinder und Enkel, oder Pflanzen (die auch gut für das Raumklima sind), bleibt ganz Ihnen überlassen.

Empfehlenswert sind bei der farblichen Gestaltung eher ruhige Farbstimmungen mit gedämpften Farben und eventuell einzelnen kräftigen Akzenten. Zu grell oder dunkel sollte es nicht werden. Das Schlafkörbchen der Hauskatze oder des Hundes gehören maximal unter den Tisch, keinesfalls auf den Schreibtisch.

Ablenkungen reduzieren und widerstehen

Im Homeoffice ist die Gefahr von Ablenkungen groß. Vielleicht auch deshalb, weil die strengen Augen des Chefs weit entfernt sind. Trotzdem sollten Sie den vielen Versuchungen nicht erliegen.

Im Büro sind Sie von Kollegen umgeben, die alle ihre eigenen beruflichen Aufgaben zu erfüllen habe. Im heimatlichen Homeoffice sind Sie von Menschen umgeben, die mit Ihrem Job und Ihrer Arbeit zumeist gar nichts zu tun haben: Lebenspartner und Kinder, die mit Ihnen im gemeinsamen Haushalt wohnen, oder Nachbarn und Freunde, die auf einen Sprung vorbeischauen. Anders als die Kollegen im Büro haben diese aber oft nur geringes Gespür dafür, wie intensiv und konzentriert Sie im Homeoffice arbeiten. Genau das müssen Sie ihnen verständlich machen. Die Tatsache, dass Sie den ganzen Tag Zuhause sind, bedeutet nicht, dass jederzeit der richtige Moment für ein privates Gespräch oder einen kurzen Besuch ist.

Besonders in der Anfangsphase des Arbeitens von Zuhause aus, stellen TV-Geräte und Spielkonsolen eine ständige Verlockung dar, der Sie widerstehen müssen. Auch wenn Ihnen der Blick durch das Fenster in den Garten zeigt, dass der Rasen gemäht werden müsste, ist Ihr Homeoffice-Arbeitstag der falsche Zeitpunkt dafür. Vielleicht lassen Sie nebenbei die Waschmaschine laufen (und hängen dann in einer Arbeitspause die Wäsche schnell zum Trocknen auf), aber den großen Wohnungsputz und das Bügeln der frisch gewaschenen Wäsche erledigen Sie weiterhin in der Freizeit. Ebenso wie den Großeinkauf im Supermarkt fürs Wochenende.

Große Ablenkungsgefahr geht von sozialen Medien und Messenger-Diensten aus. Lassen Sie sich nicht dazu verleiten, stundenlang die Postings Ihrer Freunde zu kommentieren oder mit Freunden zu chatten. Ebenso ist ausgiebiges Online-Shoppen eine Freizeitaktivität und muss es auch bleiben.

Einer meiner besten Freunde hat in zwei Monaten Homeoffice über zehn Kilogramm zugenommen. Ja, auch der volle Kühlschrank kann ablenken (und in Kombination mit zu wenig Bewegung zu Übergewicht führen). Der Versuchung von zu vielen ungesunden Snacks, wie beispielsweise Gummibärchen und Schokolade, und zuckerhaltigen Limonaden sollten Sie ebenfalls widerstehen.

Einige Ablenkungen lassen sich eher schwer in den Griff bekommen. Laute Musik des Nachbarn beispielswiese, oder sein Saxophon üben. Auch Ihre im Haushalt wohnende Familie wird den Lärmpegel nicht permanent auf null senken können. Haustiere können ebenso ein Störfaktor sein, der sich schwer kontrollieren lässt. Meine beiden Katzen kann ich zwar aus meinem Homeoffice aussperren, aber dann kratzen Sie irgendwann neugierig an der Tür und wollen eingelassen werden.

Arbeitsmaterialien vorbereiten

Neben einem Desktop-Rechner oder Laptop (der entsprechend Ihren Aufgaben angemessen leistungsstark sein soll) sowie einem Telefon gibt es eine ganze Liste an großen und kleinen Dingen, die Sie benötigen, um im Homeoffice störungsfrei und produktiv arbeiten zu können. Organisieren Sie sich die erforderlichen Arbeitsmaterialien vorsorglich, denn das Stück für Stück herbeischaffen ist eher mühsam und mitunter zeitaufwendig.

Überlegen Sie sich, welche IT-Geräte Sie außer einem Rechner und (wahrscheinlich) Smartphone noch brauchen. Eine Tastatur, einen Monitor (empfehlenswert sind zwei Bildschirme), eine Webcam (so diese nicht im Laptop eingebaut ist), einen Drucker und Scanner, eine Computer Maus, eine Power-Bank, um die Laufzeit von Akkubetriebenen Geräten zu verlängern, und eventuell ein Faxgerät. Diese kommen zwar langsam, aber sicher aus der Mode, sind in einigen Branchen jedoch immer noch üblich. Kopfhörer mit Mikrofon oder ein Headset sind im Homeoffice ebenfalls unverzichtbar, zum Beispiel für das Teilnehmen an Conference-Calls oder Video-Konferenzen.

Alle diese Geräte benötigen Netz- beziehungsweise Lade- und Verbindungskabeln. Denken Sie an Verteilersteckdosen und Verlängerungskabel. Nichts ist unangenehmer als wenn Sie feststellen, dass Ihnen ein einzelnes Anschlusskabel fehlt und Sie die IT-Infrastruktur nicht fertig aufbauen können. Computer-Mäuse oder andere Geräte benötigen eventuell passende Batterien.

Neben der Hardware muss jene Software vorhanden sein, die Sie für das Erfüllen Ihrer Aufgaben benötigen. E-Mail-Anwendung, Internet-Browser, Textverarbeitung, Tabellenkalkulation, Bildbearbeitungsprogramme, Software zum Erstellen von Präsentationen, Software für Video-Konferenzen und so weiter und so fort. Wir alle bedienen uns heutzutage wie selbstverständlich einer großen Fülle an verschiedenen Programmen. Zu den Standard-Anwendungen kommen oft noch firmenspezifische Programme, wie zum Beispiel Warenwirtschaft, Kundenverwaltungsprogramme, Buchhaltungssoftware und Marketing-Tools.

All diese Anwendungen müssen vorsorglich auf Ihrem Rechner installiert sein beziehungsweise benötigen Sie – wenn die Software zentral gespeichert und zur Verfügung gestellt wird – die Zugangsdaten (Passwörter, Login-Daten) und Berechtigungen, um von Zuhause aus zugreifen zu können. Achten Sie beim Zugriff auf zentral gespeicherte Software und Daten auf eine sichere Datenverbindung. Selbständige Unternehmer sind auch dafür verantwortlich, dass sämtliche Nutzungslizenzen vorhanden sind.

Über die ganze Software hinaus benötigen Sie möglicherweise Dokumente auf Papier. Überlegen Sie sich, ob Sie im Homeoffice die

Originale benötigen, oder mit Kopien das Auslangen finden. Denken Sie dabei an Fachliteratur, die Sie sich eventuell aus dem Büro mitnehmen. Auch ein Telefonverzeichnis mit den wichtigsten (Notfall-)Telefonnummern dürfen Sie nicht vergessen.

Ebenso wie im Büro am Firmenstandort benötigen Sie im Homeoffice Kleinmaterial wie Notizblöcke, Kopierpapier, Haftnotizen, Büroklammern, Aktenordner, Schere, Kugelschreiber und Textmarker. Nichts ist Nerven aufreibender als die vergebliche Suche nach einer einzelnen Büroklammer.

Je nach Speicher-Methode benötigen Sie eventuell externe Datenträger (externe Festplatte, USB-Speicherstick) zu Speichern und Sichern von Daten. Selbst wenn es in Ihrem Unternehmen üblich ist, Daten zentral zu speichern, kann es nicht schaden, für den Notfall ein externes Speichermedien parat zu haben. Sicher ist sicher, man weiß ja nie.

Jedenfalls sollten Sie über eine stabile Internetverbindung mit entsprechender Up- und Download-Geschwindigkeit sowie Datenvolumen verfügen. Wenn Sie viel ins Ausland telefonieren (mit Kunden oder Kollegen an ausländischen Firmenstandorten), dann brauchen Sie einen Telefon- und Internettarif, der dies ohne Extra-Kosten ermöglicht.

Disziplin muss auch im Homeoffice sein

Für den Arbeitstag im Homeoffice wird selbstverständlich der Wecker gestellt, um pünktlich wie immer aufzustehen. Arbeitstag ist Arbeitstag, selbst wenn der Weg ins Büro nur ein paar Meter beträgt. Vielleicht gönnen Sie sich ein paar Minuten mehr für das Frühstück, aber auch Zuhause soll der Arbeitstag zur üblichen Zeit beginnen. Bleiben Sie grundsätzlich bei Ihrem üblichen Tagesrhythmus (duschen, Zähne putzen, rasieren usw.) und legen Sie ebenso konsequent am Ende des Arbeitstages Laptop, Smartphone und geschäftliche Dokumente beiseite.

Apropos Disziplin ... gönnen Sie sich zwischendurch einen Snack, dann tun Sie das idealer Weise nicht direkt neben dem Laptop oder der Tastatur. Nutzen Sie diese Gelegenheit, um sich ein wenig abzulenken. Machen Sie ein wenig Bewegung, und seien es nur ein paar Meter durch die Wohnung, das Haus oder den Garten.

Noch viel mehr als im Büro sollten Sie darauf achten, Kaffee oder Getränke ja nicht auf den Laptop oder in die Tastatur zu schütten. In der Firma können Sie sich eventuell ein Ersatzgerät oder eine neue Tastatur aus der IT-Abteilung holen, Ihr Homeoffice steht aber wahrscheinlich in der Sekunde still, weil Sie weder das Eine noch das Andere in Reserve haben.

Passende Kleidung wählen

Selbst wenn es noch so bequem ist: die Jogginghose und das abgetragene T-Shirt sind keine angemessene Kleidung. Oder würden Sie damit ins Büro fahren? Nicht nur für das unterbewusste Arbeitsgefühl, sondern auch bei spontanen Video-Konferenzen ist eine angemessene Kleidung notwendig.

Wer im Homeoffice arbeitet, darf nicht dazu neigen, sich im Pyjama an den Schreibtisch zu setzen. Passende Kleidung vermittelt auch ein Gefühl. Damit sich die Heimarbeit nicht wie Herumlümmeln auf der Couch anfühlt, sollten Sie sich morgens genauso anziehen als gingen sie ins Büro. Es müssen ja nicht dickes Make-up oder Anzug mit Krawatte sein, aber es wirkt sich bei den meisten Menschen stark auf die Grundeinstellung und Produktivität aus, wenn sie im Homeoffice angemessen gekleidet sind.

Prioritäten setzen und Aufgaben planen

Klar definierte Aufgaben helfen Ihnen dabei, das angestrebte oder von Ihnen verlangte Arbeitspensum und (Tages-)Ziel konsequent zu erreichen. Nachdem Sie im Homeoffice keinen Chef in der Nähe haben, der Sie vielleicht zur Arbeit mahnt, sind Eigenmotivation und Selbstverantwortung der Schlüssel zum erfolgreichen und produktiven Arbeitstag.

Eine bewährte Methode ist die so genannte „Eat the Frog"-Methode. Dabei beginnen Sie den Arbeitstag damit, jene Aufgaben zu erledigen, die Sie als die unangenehmsten wahrnehmen – also jenen Aufgaben, die Sie am allerliebsten vor sich herschieben würden. Erledigen Sie genau diese Aufgaben am Beginn des Arbeitstages, haben Sie eine große Hürde geschafft. Sie werden sehen, dass alle anderen Aufgaben viel leichter zu bewältigen sind.

Versehen Sie jene Aufgaben mit der entsprechenden Priorität, die zeitkritisch sind, also zum Beispiel einen fixen Fertigstellungs- oder Abgabetermin haben. Denken Sie daran, dass manche Aufgaben von mehreren Kollegen Schritt für Schritt abgearbeitet werden müssen. Sie blockieren möglicherweise die Arbeit von Kollegen, wenn Sie die falschen Prioritäten setzen. Nehmen Sie sich aber nicht zu viel vor. Nichts ist demotivierender als Tag für Tag seinen Aufgaben und Zielen hinterherzuhinken.

Wenn Sie konzentriert an einer Aufgabe arbeiten, dann lassen Sie sich nicht zwingend von einem Anruf oder einer E-Mail aus der Konzentration reißen. So gut wie niemand muss ständig prompt verfügbar sein. Wenn ich mich zum Beispiel in Ausübung meiner Compliance-Funktion wieder einmal tief in Gesetzestexte eingearbeitet habe, ignoriere ich (berufliche wie private) Anrufe und einlangende E-Mails in vielen Fällen. Selbst wenn einer meiner Kunden anruft. Kaum ein Anrufer oder Absender hat ein Problem damit, etwas später (verlässlich) zurückgerufen zu werden oder auf die Antwort ein, zwei Stunden zu warten. Schon ein kurzes Telefonat reißt mich derart aus der Konzentration, dass das erneute einarbeiten länger dauert als das Gespräch. Mehrere solche Unterbrechungen summieren sich gerne mal auf bis zu einer Stunde vergeudete Arbeitszeit pro Tag.

Sehr bewährt hat sich bei mir, für Gespräche mit Kunden oder Kollegen, die voraussichtlich eine gewisse Zeit dauern werden, einen Telefontermin oder einen Termin für einen Video-Call zu vereinbaren. Probieren Sie das einmal aus! Sie werden erkennen, dass solche geplanten und eventuell gut vorbereiteten Gespräche deutlich effizienter und produktiver sind als spontane Telefonate.

Arbeitszeiten festlegen und Kollegen kommunizieren

Im Homeoffice verschwimmen naturgemäß Arbeits- und Freizeit. Weil der morgendliche Weg ins Büro und der abendliche Weg zurück nach Hause wegfallen, dehnen manche im Homeoffice die Arbeitszeiten weit über das erforderliche und sinnvolle Maß aus. Sie fangen früher an und hören später auf. Das gefällt vielleicht Ihrem Chef, jedoch können diese Überstunden zu verschiedenen Schwierigkeiten führen.

Sie vernachlässigen Ihre Familie und Freunde, und gönnen sich nicht mehr genug Zeit zum Entspannen und Regenerieren. Eventuell setzen Sie mit Ihrem übertriebenen Arbeitseifer sogar Kollegen unnötig unter Druck, die „nur" ihr normales Arbeitspensum erfüllen. Und Sie bringen Ihren Arbeitsgeber womöglich in die Bredouille, wenn Sie gesetzliche Arbeitszeitregelungen missachten (die auch im Homeoffice gelten und eingehalten werden müssen). Zu viel ist also ebenso schlecht wie zu wenig.

Legen Sie sich fixe Arbeitszeiten ebenso fest (wenn sie nicht ohnehin vom Arbeitgeber festgesetzt werden) wie Pausen. Kommunizieren Sie diese Zeitfenster Ihren Kollegen, die vielleicht ebenso im Homeoffice sitzen, und Ihren Mitbewohnern Zuhause. Halten Sie sich dann aber auch daran.

Pausen machen

Halten Sie Ihre Arbeitszeiten im Homeoffice ein. Dazu gehören natürlich Pausen, zwischendurch eine kurze, mittags wie üblich dreißig Minuten oder eine Stunde. Pausen sind für Arbeitnehmer arbeitszeitrechtlich vorgeschrieben, es könnte also sogar sein, dass Sie Ihren Arbeitgeber in Schwierigkeiten bringen, wenn Sie keine Pausen machen. Von der Arbeitszeit werden Ihnen Pausen sowieso abgezogen (da ist das Gesetz sehr streng, Sie können, selbst wenn Sie es noch so sehr wollen oder akzeptieren, auf die gesetzlich verankerten Ruhezeiten nicht verzichten).

Nutzen Sie Pausen zum Relaxen. Machen Sie ein bisschen Bewegung, und sei es nur in der Wohnung, im Haus oder im Garten. Frische Luft ist ebenfalls empfehlenswert, durchatmen am offenen Fenster oder Balkon tut einfach Körper und Seele gut und Sie bekommen den Kopf wieder frei. Ein telefonischer Plausch mit Kollegen - als Ersatz für den sonst üblichen Tratsch beim Kaffee holen oder Mittagessen - sorgt dafür, dass auch im Homeoffice die zwischenmenschliche Ebene gepflegt wird.

Grundsätzlich ist die Couch, wie bereits mehrfach erwähnt, nicht der passende Arbeitsplatz, aber es spricht nichts dagegen in der Pause auf der Couch kurz zu entspannen. Manche sind ja große Fans des so genannten „Power-Nappings". Arbeiten, die nicht die volle Konzentration erfordern, wie zum Beispiel eine Recherche im Internet, können zwischendurch von der Couch aus erledigt werden. Diese Abwechselung tut auch Ihrem Bewegungsapparat gut.

Bewegung machen

Ein großes Manko des Arbeitens im Homeoffice ist oftmals, dass die körperliche Bewegung vernachlässigt wird. Vielleicht fehlt

Ihnen ja die tägliche Fahrt mit dem Fahrrad ins Büro, oder Sie kommen nicht mehr am Fitness-Studio vorbei, dass auf dem Weg zum oder vom Büro liegt.

Dieser Mangel an Bewegung, auch durch das lange Sitzen am Schreibtisch, belasten den Rücken und die Bandscheiben, beeinträchtigen den Blutkreislauf und die Sauerstoffversorgung aller Organe. Sie verbrennen weniger Kalorien und Sie werden schneller müde. Darunter leiden Konzentrationsfähigkeit und Leistungsvermögen. Langfristig kann zu wenig Bewegung zu einer Reihe von Erkrankungen führen, wie etwa Rückenschmerzen, Herz-Kreislauf-Erkrankungen oder Übergewicht. Auf ausreichend Bewegung darf also im Homeoffice nicht vergessen werden.

Probieren Sie es einmal mit „dynamischen Sitzen". Dabei wird der Rücken möglichst viel bewegt und zwischen verschiedenen Sitzhaltungen gewechselt. Eine drehbarer Bürostuhl erleichtert dies. Auch Kopf- und Schulterkreisen oder das Zusammenfalten der Hände hinter dem Rücken und das seitliche Beugen nach rechts und links empfehlen Gesundheitsmediziner.

Nutzen Sie beispielswiese Telefonate, bei denen Sie nicht zwingend vor dem Bildschirm sitzen müssen, um sich ein wenig die Beine zu vertreten. Ein Bluetooth-Headset macht das möglich.

Netiquette beibehalten

Gute und richtige Kommunikation ist im Homeoffice besonders wichtig (daher widme ich mich diesem Thema separat im Kapitel „Richtig kommunizieren"). Idealer Weise halten Sie vom Homeoffice aus laufend Kontakt mit Kollegen und Geschäftspartnern. Halten Sie auch den privaten Austausch mit Kollegen, zum Beispiel in Pausen am Telefon, aufrecht.

Ein freundliches „Guten Morgen" oder „Schönen Abend" sind beim persönlichen Kontakt im Büro üblich und sollten im Homeoffice beibehalten werden. Ebenso zählen ein „Happy Birthday", ein

„Frohe Weihnachten“ und ein „Alles Gute zum Jubiläum“ weiterhin zum guten, kollegialen und freundschaftlichen Ton.

Seien Sie aber vorsichtig mit spitzen Formulierungen und Witzen (insbesondere auf Kosten von Kollegen). In Textform oder durch die räumliche Distanz können sie allzu leicht falsch verstanden werden und zu entbehrlichen Unstimmigkeiten führen.

Ordnung und Sauberkeit halten

Die Clean Desk Policy, die am Arbeitsplatz im Büro gilt, muss auch im Homeoffice beachtet werden. Auf deinem Schreibtisch und in den Stauräumen sollte dieselbe Ordnung herrschen wie im Büro. Das gilt für Kleinmaterial ebenso wie für Dokumente auf Papier und elektronisch gespeicherte Daten. Denn auch im Homeoffice gilt: unbefugte Personen (Familienmitglieder, Besucher, Reinigungskräfte usw.) dürfen keinen Zugriff auf geschäftliche oder vertrauliche Daten und Informationen haben.

Zum Ordnung halten zählt ebenso, dass Sie den privaten Wohnbereich nicht mit Bürokram „zumüllen“, also Ihre privaten Räume als erweitertes Homeoffice nutzen.

Im Büro am Firmenstandort sorgen wahrscheinlich Reinigungskräfte für Sauberkeit. Wenn Sie privat nicht regelmäßig von einer Reinigungskraft unterstützt werden, dann müssen Sie selbst für Sauberkeit sorgen. Bildschirme, Tastaturen, Computer-Mäuse können durch den ständigen Kontakt mit den Händen zum Sammelplatz für Krankheitserreger werden. Regelmäßiges Reinigen mit entsprechenden Putz- oder Desinfektionsmitteln sorgt für Hygiene. Dabei sind feuchte Tücher okay, triefend nasse Lappen nicht.

Datenschutz & IT-Sicherheit

Datenschutz & IT-Sicherheit

Dem Schutz von Daten, Informationen und IT-Geräten muss im Homeoffice ganz besonderes Augenmerk geschenkt werden. Im Homeoffice, also weit entfernt von der üblicher Weise gut gesicherten IT-Infrastruktur in Betriebs- und Büroräumlichkeiten, die von fachkundigen Kollegen aus der IT-Abteilung laufend betreut wird, ist der Sicherheitsstandard oftmals deutlich geringer. Das wissen auch Cyber-Kriminelle. Das vermehrte Auftreten von (leider erfolgreichen) Cyber-Attacken zeugt davon. Auch der Transport von Daten und IT-Geräten birgt zusätzliche Gefahren. Im Homeoffice kommt es viel mehr auf Ihre Eigenverantwortung an. Daher stehen technische, organisatorische und personelle Maßnahmen, kurz TOPs, zum Schutz von Daten und IT-Infrastruktur, die Sie schnell und einfach umsetzen können, im Fokus dieses Kapitels.

Seit 25. Mai 2018 sind beim Verarbeiten personenbezogener Daten[3] zu geschäftlichen Zwecken in der Europäischen Union die Bestimmungen der Datenschutz-Grundverordnung DSGVO anzuwenden. Darüber hinaus gelten in den einzelnen EU-Mitgliedstaaten, so auch in Österreich, nationale Datenschutzgesetze (wie zum Beispiel das Datenschutz-Anpassungsgesetz und das Datenschutz-Deregulierungsgesetz).

Unabhängig davon, ob Sie für Ihren Arbeitgeber im Homeoffice arbeiten oder als eigenverantwortlicher selbständiger (Einzel-)Unternehmer, verarbeiten Sie im Homeoffice eine Fülle an personenbezogenen Daten von beispielsweise Kunden, Interessenten, Kollegen, Lieferanten und Geschäftspartnern. Bei diesem geschäftlichen Verwenden von Namen, Telefonnummern, E-Mail- und Postadressen,

[3] Personenbezogene Daten sind alle Informationen, anhand derer eine natürliche (lebende) Person direkt oder indirekt eindeutig identifiziert werden kann, zum Beispiel Name, Telefonnummer, E-Mail-Adresse, genaue Wohnadresse oder Sozialversicherungsnummer.

Ausweisdaten, Sozialversicherungsnummern (wenn Sie zum Beispiel mit Personalagenden betraut sind), Bestellnummern usw. müssen geeignete und angemessene technische, organisatorische und personelle Maßnahmen zum Schutz, der Integrität (Richtigkeit) und Vertraulichkeit von personenbezogenen Daten angewendet werden. Dabei macht es keinen Unterschied, ob Sie vom Büro aus arbeiten oder im Homeoffice. Datenschutz und IT-Sicherheit müssen da wie dort gewährleistet sein.

Dem Gesetzgeber sind im Zusammenhang mit der gewerbsmäßigen beziehungsweise geschäftlichen Datenverarbeitung ausschließlich personenbezogene Daten wichtig (das Verarbeiten von personenbezogenen Daten zu rein privaten Zwecken ist durch die so genannte „Haushaltsausnahme“ von den gesetzlichen Bestimmungen ausgenommen). Als gewissenhafter Dienstnehmer und insbesondere als selbständiger Unternehmer muss Ihnen allerdings klar sein, dass der störungsfreie und durchgehende Geschäftsbetrieb von viel mehr Daten als nur den personenbezogenen abhängig ist.

Nicht nur E-Mail-Adressen und Telefonnummern sind im geschäftlichen Alltag essentiell, sondern unter anderem auch Produktinformationen, Betriebssysteme und Warenwirtschaftsdaten. Ganz zu schweigen von Betriebs- und Geschäftsgeheimnissen, zum Beispiel Informationen zu Produktinnovationen und Preiskalkulationen. Es gilt also beim Datenschutz und der IT-Sicherheit nicht nur auf personenbezogene Daten zu achten, sondern grundsätzlich auf alle Daten und Informationen, die für den Geschäftsbetrieb unverzichtbar sind.

Wir müssen uns darüber im Klaren sein, dass in unserer global vernetzten Welt sämtliche Daten und Informationen 24 Stunden am Tag, 365 Tage im Jahr von Datenverlust und Cyber-Attacken bedroht sind. Durch das Vermischen von Beruf und Freizeit, unter anderem im Homeoffice, sind diese Gefahren sowohl im beruflichen als auch im privaten Alltag unsere ständigen Begleiter. Trotz aller

Anstrengungen und Sicherheitsmaßnahmen gibt es hundertprozentige Sicherheit nicht. Risiken können „nur" reduziert werden. Dazu dienen die erwähnten technischen, organisatorischen und personellen Maßnahmen, von denen Sie in diesem Kapitel eine Vielzahl finden.

Uns muss bewusst sein, dass es Cyber-Kriminelle nicht zwingend auf unsere Daten abgesehen haben. Alleine schon das Nutzen von Anwendungen, die Sicherheitslücken aufweisen, kann fatale Folgen haben. Hacker mit bösen Absichten greifen oftmals nicht gezielt einen Datenbestand oder eine IT-Infrastruktur an, sondern genau solche Sicherheitslücken von weit verbreiteter Software. Vom Angriff betroffen sind dann alle Benutzer, die diese Software im Einsatz haben, unabhängig davon, ob damit Daten verarbeitet werden, oder nicht. Ziel eines Cyberangriffes können Sie also nicht nur dann werden, wenn Sie viele (für Cyber-Kriminelle wertvolle) Daten verarbeiten, sondern einfach deshalb, weil Sie beispielsweise veraltete Software nutzen.

Die allermeisten Sicherheitsmaßnahmen sind kostenfrei. Entweder, weil es lediglich daran ankommt sie umzusetzen oder anzuwenden (zum Beispiel sichere Passwörter), oder weil die erforderliche Technik beziehungsweise Software bereits vorhanden ist, oder im Internet kostenlos zum Download angeboten wird. Geld kosten wirksame technische, organisatorische und personelle Maßnahmen also nicht zwingend. Sehr oft gehen sie allerdings zu Lasten der Bequemlichkeit. Diesen Preis müssen Sie für den Schutz und die Sicherheit von Daten und IT-Geräten bezahlen.

Als Unternehmer sollten Sie Ihren Mitarbeitern eine Homeoffice-Richtlinie an die Hand geben, in der Sie unter anderem jene Schutzmaßnahmen kommunizieren, die Mitarbeiter im Homeoffice (und gegebenenfalls beim mobilen Arbeiten) jedenfalls beachten und umsetzen müssen. Behalten Sie stets im Auge, dass Sie als Unternehmer und Geschäftsleiter die letztgültige Verantwortung tragen und Sie es sind, die sich gegebenenfalls für Datenschutzverstöße und Datenverluste - gegenüber Kunden, Geschäftspartnern und vielleicht sogar der Datenschutzbehörde - rechtfertigen müssen.

Denken Sie dabei an das Festlegen von Regelungen für das Beenden der Arbeit im Homeoffice. Geben Sie Ihren Mitarbeitern diese Informationen nachweislich und verpflichten Sie die betreffenden Mitarbeiter mit Unterschrift zum Einhalten.

„Ich habe gar keine Daten."

Mehr als einmal habe ich im Rahmer meiner Vorträge und Schulungen folgende Aussage gehört: „Ich habe keine wichtigen oder interessanten Daten, ich bin also nicht das Ziel von Cyber-Attacken und brauche mich daher nicht zu schützen." Das ist ein großer Irrtum! Möglicher Weise sogar ein folgenschwerer. Auch ohne Daten sind Sie für Cyber-Kriminelle ein interessantes Ziel.

Jeder von uns, der (noch dazu mit einem ungeschützten IT-Gerät) im Internet surft, einkauft, spielt usw. nutzt und erzeugt eine Vielzahl an Daten, für die sich nicht nur Cyber-Kriminelle interessieren. Google, Facebook, Amazon & Co. sind genauso sehr an diesen Informationen interessiert, denn sie sind im wahrsten Sinne des Wortes bares Geld wert.

Es müssen nicht unbedingt gespeicherte Daten oder Dokumente sein, die Kriminelle anlocken. Von ungeschützten IT-Geräten können Hacker ohne jede Sicherheitshürde im Internet verwendete Zugangs-, Konto- und Kreditkartendaten stehlen und anschließend missbrauchen. Gänzlich ungeschützte IT-Systeme sind zudem Parade-Opfer für jede Art von Schadprogrammen. Ransomware (mehr dazu im Kapitel „Cyber-Attacken verhindern") braucht nicht zwingend Daten, die sie verschlüsseln kann, es reicht ihr auch, Ihren Rechner lahmzulegen, um Lösegeld zu erpressen.

Zum Angriffsziel für Kriminelle machen sich jedenfalls alle, die Software nutzen, zu denen der Hersteller keine Sicherheitsupdates mehr zur Verfügung stellt (wie zum Beispiel Microsoft seit Januar 2020 für Windows 7). Bekannte Sicherheitslücken werden also vom Hersteller nicht mehr geschlossen. Das wissen auch Cyber-Kriminelle und greifen nicht direkt Sie oder Ihr Unternehmen und Ihre Daten an, sondern die lückenhafte Software, die Sie auf Ihrem Rechner installiert haben. Finden die Täter zudem noch verwertbare Daten, ist das nur das Sahnehäubchen oben drauf.

Sogar private Urlaubs- und Familienfotos können für Kriminelle interessant sein. Es sind hinlänglich Fälle bekannt, in denen private Bilder für Cyber-Mobbing oder kriminelle Zwecke missbraucht wurden.

Fazit: Jeder von uns, wirklich jeder, kann Opfer einer erfolgreichen Cyber-Attacke werden! Und es passiert leider viel zu oft und viel zu schnell.

DSGVO-Pflichten erfüllen

Nur ganz kurz, weil dies nicht das eigentliche Thema dieses Buches ist, möchte ich auf jene Pflichten beim Verarbeiten von personenbezogenen Daten hinweisen, die uns Unternehmern von der Datenschutz-Grundverordnung DSGVO sowie den nationalen Datenschutzgesetzen auferlegt werden.

Als Arbeitnehmer können Sie sich grundsätzlich darauf verlassen, dass Ihr Arbeitgeber diese Pflichten erfüllt und Ihnen jene Details mitgeteilt hat, die für Sie und Ihren Aufgabenbereich relevant sind. Üblicherweise gab und gibt es dazu entsprechende interne Schulungen.

Als selbständiger Unternehmer sind Sie es, der im Sinne der DSGVO für das Verarbeiten personenbezogener Daten verantwortlich ist. Das heißt, Sie benötigen unter anderem ein stets aktuelles Verzeichnis der Verarbeitungstätigkeiten sowie daraus abgeleitete Datenschutzinformationen, die Sie jeder betroffenen Person, deren

Daten Sie geschäftlich verarbeiten (Mitarbeitern, Kunden, Geschäftspartnern, Interessenten usw.) beim ersten Kontakt zur Verfügung stellen.

Für den Fall, dass Sie diese und andere grundlegende Pflichten der DSGVO noch nicht ganz erfüllen, darf ich Sie kurz auf das Buch „Datenschutz in der Praxis" hinweisen, das ich gemeinsam mit dem Juristen und Datenschutz-Experten Mag. Matthias Aichinger geschrieben habe. In diesem Leitfaden für das praxisnahe Umsetzen der DSGVO geben wir Ihnen viele Praxistipps von Unternehmern für Unternehmer. Details dazu finden Sie am Ende dieses Buches.

Die geltenden Datenschutzbestimmungen schreiben unter anderem vor, dass Sie als Verantwortlicher sämtliche personenbezogenen Daten, die Sie verarbeiten, angemessen schützen müssen. Dazu dienen technische, organisatorische und personelle Maßnahmen, denen wir uns im Folgenden (nicht abschließend, aber umfangreich) widmen.

Der Vollständigkeit halber sei erwähnt, dass alle Mitarbeiter - ob im Homeoffice oder nicht - schriftlich zur Verschwiegenheit verpflichtet werden müssen, während aufrechtem Dienstverhältnis und auch danach.

Technische, organisatorische & personelle Maßnahmen

Vorab für alle Mitarbeiter von Unternehmen, die im Homeoffice arbeiten: in erster Linie sollten Sie natürlich die unternehmensspezifischen Maßnahmen zum Schutz von Daten und IT-Geräten berücksichtigen. Denn die letztgültige Verantwortung – für die Sicherheit sowie für etwaige Datenschutzvorfälle – liegt bei der Geschäftsleitung Ihres Arbeitgebers. Daher wird Ihnen dieser in einer „IT-Sicherheitsrichtlinie für Mitarbeiter" oder „Homeoffice-Richtlinie" bereits Maßnahmen genannt haben, die Sie unter anderem im Homeoffice beachten und umsetzen müssen. Auch konkrete Vorgaben für sichere Passwörter, die sichere (verschlüsselte) Kommunikation sowie Vorgehensweisen für das Speichern von Daten gibt es in vielen Unternehmen. Eigenmächtig sollten Sie keine technischen und organisatorischen Maßnahmen setzen, sprechen Sie diese vorsorglich mit der Geschäftsleitung oder der IT-Abteilung ab.

Alle hier im Folgenden genannten Maßnahmen habe ich in einer kompakten Checkliste zusammengefasst, die Sie zum Download auf meiner Internetseite unter www.andreasdolezal.at/homeoffice finden.

Sichere Passwörter verwenden

Hand aufs Herz: wie sicher sind die Passwörter, die Sie heute beruflich und privat verwenden? Sichere Passwörter sind eine der einfachsten und gleichzeitig wirksamsten Maßnahmen, um Daten und IT-Geräte für unbefugtem Zugriff zu schützen. Trotzdem sind dummdreiste Passwörter, wie beispielsweise „123456", „passwort" oder „schatzi01", nach wie vor weitverbreitet. Ihr eigenes oder das Geburtsdatum Ihrer Kinder, der Name Ihres Haustieres oder Teile

Ihrer Wohnadresse sind keine besseren Passwörter. Gute Passwörter sind kryptisch, das heißt:

- **mindestens acht Zeichen lang**: je nachdem wie sensibel oder vertraulich die IT-Systeme, Endgeräte und Daten sind, die geschützt werden, sollen Passwörter bis zu 20 oder mehr Zeichen lang sein (zum Beispiel Passwörter von Mitarbeitern, die weitreichende Zugriffsrechte haben, wie Systemadministratoren, oder Passwörter, die sensible Informationen oder Geschäftsgeheimnisse schützen)
- **zusammengesetzt aus Groß- und Kleinbuchstaben, Ziffern und Sonderzeichen**: setzen Sie Groß- und Kleinbuchstaben nicht so wie es den Grammatikregeln entspricht, sondern vermischen Sie Groß- und Kleinbuchstaben willkürlich. Bauen Sie mittendrin Ziffern und Sonderzeichen wie Satzzeichen oder Währungssymbole ein

Wie wichtig sichere Passwörter sind, hat ein mir bekanntes Unternehmen schmerzhaft erfahren müssen. Der E-Mail-Account eines ehemaligen Mitarbeiters, der das Unternehmen bereits vor über zwei Jahren verlassen hat, wurde zwar nicht mehr aktiv genutzt, war aber trotzdem noch am Mail-Server vorhanden. Genau dieser Mail-Server wurde an einem Freitagnachmittag gegen 15:00 Uhr (aus dem fernen Kambodscha, wie die IT-Experten feststellten) angegriffen. Weil der E-Mail-Account dieses ehemaligen Mitarbeiters mit einem schwachen Passwort geschützt war, konnten ihn die Angreifer hacken.

Zwar fanden sie dort keine (personenbezogenen) Daten mehr, aber die E-Mail-Adresse wurde zum weltweiten Versenden von Spam-Mails verwendet. Binnen drei Stunden wurde 180.000 Spam-Mail erstellt, von denen die eilig zu Hilfe gerufenen IT-Experten den Großteil noch vor dem Versand löschen konnten. Aber etwa 60.000 Spam-Mails wurden erfolgreich verschickt. Darüber hinaus mussten die IT-Experten den Mail-Server vom Netz nehmen, komplett neu aufsetzen und sämtliche Passwörter neu vergeben. Das alles an einem Freitagabend. Die Rechnung dafür war entsprechend hoch. All das, weil ein einzelner E-Mai-Account mit einem schwachen Passwort „geschützt" war.

Verwenden Sie je nach Anwendungsfall ausreichend sichere Passwörter und nutzen Sie für jeden Zugang ein komplett anderes Passwort. Ja, ich höre quasi wie Sie jetzt aufstöhnen. Bei den vielen Anwendungen und IT-Geräten, die wir heutzutage beruflich und privat nutzen, wie soll man sich den derart viele verschiedene Passwörter merken. Denn notiert dürfen Passwörter niemals werden. Eine praktikable Lösung sind Passwort-Manager beziehungsweise Passwort-Safes.

Verwenden Sie einen Passwort-Manager, dann schützen Sie diesen mit einem extrem sicheren Passwort, dass Sie - und nur Sie! - auswendig wissen. Insbesondere dieses Passwort darf nirgendwo notiert oder gespeichert sein. Bedenken Sie aber, dass Sie dann vom Sicherheitsniveau des Dienstleisters abhängig sind, dessen Passwort-Manager Sie verwenden. Und bedenken Sie, dass Ihnen beim Ausfall der Internetverbindung wahrscheinlich der Zugriff auf Anwendungen verwehrt bleibt. Ohne funktionierenden Passwort-Manager sind Sie vermutlich lahmgelegt. Vergessen Sie also insbesondere niemals das Master-Passwort für Ihren Passwort-Safe.

Eine Checkliste mit (beruflich und privat) genutzten Anwendungen und Online-Diensten, die Sie alle mit sicheren Passwörtern vor unbefugtem Zugriff schützen sollten, finden Sie zum Download auf meiner Internetseite unter www.andreasdolezal.at/homeoffice.

Das Bundesministerium für Digitalisierung und Wirtschaftsstandort nennt auf der Internetseite www.onlinesicherheit.gv.at folgende Passwort-Manager als Beispiel:

- KeePass Password Safe
- Avira Password Manager

- Password Safe

Ob Passwörter regelmäßig, zum Beispiel alle drei Monate, gewechselt werden sollen, darüber sind sich Experten nicht einig. Ich finde, dass es ausreicht, wenn starke Passwörter routinemäßig einmal im Jahr ausgetauscht werden. Beim häufigen Wechsel ist oft zu sehen, dass Benutzer nur eine oder zwei Stellen des Passwortes verändern, womit sich der regelmäßige Wechsel eigentlich ad absurdum führt. Jedenfalls gewechselt werden muss ein Passwort, wenn es unbefugten Personen bekannt geworden ist oder alleine schon der Verdacht besteht, dass dies passiert ist.

Ob Ihre Zugangsdaten öffentlich oder damit womöglich Cyber-Kriminellen bekannt sind, können Sie im Internet abfragen. Ein deutschsprachiges Portal ist beispielsweise der „HPI Identity Leak Checker", ein internationaler Anbieter „have i been pwned". Findet so ein Portal zu einer E-Mail-Adresse Veröffentlichungen im Internet, dann wechseln Sie sofort die damit in Verbindung stehenden Zugangsdaten. Bedenken Sie aber, dass diese Portale lediglich auf Basis der dahinterstehenden Datenbanken prüfen. Selbst wenn nichts gefunden wird, heißt das nur, dass Ihre E-Mail-Adresse nicht in den Datenbanken des jeweiligen Portals vorkommt. Wirklich sicher können Sie sich also auch nach so einer Abfrage nicht sein.

Voreingestellte Standard-Passwörter müssen unverzüglich nach Inbetriebnahme eines IT-Gerätes oder einer Software durch individuelle Passwörter ersetzt werden. Viele Endgeräte werden nämlich mit einem Standard-Passwort wie „1111" oder „1234" ausgeliefert. Und das wissen natürlich auch böse Hacker.

Noch ein Tipp zu WLAN-Routern oder IT-Geräte, die Ihnen als Hotspot dienen: diese Geräte sollten nicht nur mit einem sicheren Passwort geschützt sein, sondern Sie sollten dem Gerät keine Bezeichnung geben, die auf Sie oder Ihre Adresse schließen lässt. Falls Ihnen jemand etwas Böses will, wissen er oder sie sonst ganz genau, welches WLAN-Netzwerk angegriffen werden muss.

Berufliche Logins & Passwörter nicht privat nutzen

Wie gerade erwähnt, benötigen jede Anwendung und jedes IT-Gerät ein separates sicheres Passwort beziehungsweise Login-Daten, denn diese dürfen nicht doppelt verwendet werden. Schon gar nicht dürfen beruflich genutzte Passwörter und Login-Daten, also zum Beispiel die Kombination aus Benutzername oder Passwort und geschäftliche E-Mail-Adresse, privat verwendet werden.

Stellen Sie sich vor, Sie shoppen online, nutzen dazu jene Login-Daten, die Ihnen auch den Zugriff auf den zentralen Datenspeicher Ihres Arbeitgebers erlauben und dann wird der Online-Shop Opfer eines Hacker-Angriffes und die Login-Daten der Nutzer werden gestohlen. Sowohl Sie als auch Ihr Chef als Verantwortlicher im Sinne des Datenschutzes können wirklich große Problem bekommen. Beruf und privat muss strikt getrennt werden.

Verwenden Sie, wie vorhin empfohlen, wirklich für jede Anwendung (Online-Banking, Cloud-Speicher, Streaming- oder Gaming-Plattform, Webshops, soziale Medien usw.) ein anderes Passwort, müssen Sie im Falle einer erfolgreichen Cyber-Attacke auf eine dieser Anwendung nur das betreffende Passwort ändern und nicht die Login-Daten aller Zugänge austauschen.

Ich persönlich „klone" mich. Ich verwende nicht nur unterschiedliche Passwörter, sondern mehrere E-Mail-Adressen, beruflich ebenso wie privat. Ich habe separate E-Mail-Adressen für jeden meiner einzelnen Geschäftsbereiche (Unternehmensberatung, Gesellschafter einer Wertpapierfirma, Lebensmittelproduzent, unter anderem aus datenschutzrechtlichen Gründen, Stichwort Mandantentrennung), eine rein private E-Mail-Adresse und eine E-Mail-Adresse für „Allfälliges", wie zum Beispiel das Anmelden zu Newslettern. Gerade Selbständigen kann ich dieses Vorgehen nur empfehlen.

Passwort wischen, tippen oder biometrisch?

Insbesondere mobile Endgeräte wie Smartphones und Laptops bieten verschiedene Möglichkeiten das IT-Gerät vor unbefugten Zugriffen zu schützen. Einfache Passwörter, die nur aus Ziffern bestehen, können getippt oder gewischt werden. IT-Experten sprechen sich für das Tippen eines Zahlencodes aus. Denn das Muster, welches beim Wischen entsteht, ist meist am Display zu erkennen, wenn es gegen das Licht gehalten wird. Außerdem sagt die Statistik, dass 85 Prozent der Muster in einer Ecke beginnen, was es grundsätzlich schon einfacher macht, das jeweilige Muster und damit den Sperrcode herauszufinden.

Üblich sind nach wie vor vierstellige Sperrcodes für Smartphones. Das ist zu wenig. Zumindest aus sechs Stellen sollte die Zahlenkombination bestehen mit der Sie Ihr Smartphone sperren.

Mobile Endgeräte erlauben in der Regel auch das Entsperren mittels Fingerabdrucks, Gesichts- oder Iriserkennung. Solche Passwörter werden als biometrische Passwörter bezeichnet. Der Benutzer lässt vom Endgerät seinen Fingerabdruck, sein Gesicht oder seine Iris scannen, das Gerät gleicht diese Daten mit jenen Daten ab, die beim Einrichten in einem gesicherten Bereich des Gerätes abgespeichert wurden. Stimmen die Daten überein, erlaubt das Endgerät den Zugriff.

Der Vorteil dieser biometrischen Methode ist sicherlich, dass Sie sich kein komplexes Passwort merken müssen. Der Nachteil ist, dass die Merkmale, die Sie als Passwort nutzen (Fingerabdruck, Gesicht, Iris), an sehr vielen Stellen öffentlich zu finden sind. Sie hinterlassen überall im Alltag Fingerabdrücke und oftmals sind hochauflösende Portraitfotos online auf Internetseiten oder in sozialen Netzwerken zu finden. Ihr „Passwort“ ist also quasi für jeden, auch für Kriminelle, online aufzufinden. Der Aufwand, um einen Fingerabdruck zu fälschen, ist zwar vergleichsweise hoch, aber es ist machbar. Bedenken Sie darüber hinaus, dass Sie ein biometrisches Passwort nicht beliebig oft wechseln können. Sie haben nur zehn Finger, zwei Augen und ein Gesicht.

Verwenden Sie biometrische Merkmale im beruflichen Alltag, oder verwenden Ihre Mitarbeiter biometrische Merkmale als Passwort, dann müssen Sie als verantwortlicher Unternehmer bedenken, dass biometrische Daten als „personenbezogene Daten der besonderen Kategorie" gelten. Diese sensiblen Daten dürfen nur mit ausdrücklicher Einwilligung der betroffenen Person verarbeitet werden.

Zwei- oder Mehr-Faktor-Authentifizierung nutzen

Viele Anwendungen bieten bereits die Möglichkeit der so genannten Zwei- oder Mehr-Faktor-Authentifizierung an. Diese Methode verlangt, dass Sie zusätzlich zu einem Passwort oder Login-Namen noch einen zusätzlichen Authentifizierungsschritt verwenden, zum Beispiel einen über einen getrennten Kommunikationsweg übertragen Code, einen persönlichen Token oder eine Chipkarte (auch biometrische Zusätze sind denkbar). Das Passwort oder die Login-Kombination alleine reichen also nicht aus, um die betreffende Anwendung oder das IT-Gerät zu entsperren und Zugriff zu erlangen.

Üblich ist diese Methode zum Beispiel beim Online-Banking und dem Freigeben von Überweisungen. Sie melden sich auf Ihrem Desktop-Rechner oder Laptop zum Online-Banking an, und erhalten einen zusätzlichen Freigabe-Code via SMS oder App auf Ihr Telefon. Besonders gefährlich ist in diesem Zusammenhang natürlich Mobile-Banking. Denn dabei erhalten Sie den Freigabe-Code auf dasselbe Endgerät (Smartphone) auf dem Sie sich zuvor im Mobile-Banking angemeldet haben. Das hohe Maß an Sicherheit, das die Zwei-Faktor-Authentifizierung grundsätzlich bietet, geht damit verloren.

Zuerst DENKEN, dann KLICKEN!

Oft reicht schon ein einziger unüberlegter Klick (auf einen Dateianhang, ein Banner im Internet, einen Link in einer E-Mail usw.), und das Drama nimmt seinen Lauf. Versteckte und bösartige Programmcodes werden – womöglich ohne, dass Sie es bemerken – ausgeführt, nisten sich auf Ihren IT-Geräten ein, laden weitere Schadsoftware nach, stehlen Daten, machen laufende Anwendungen unbrauchbar und Hacker fordern vielleicht Lösegeld für das Wiederfreigeben.

Haben Sie ein wachsames Auge auf alle Benachrichtigungen, Angebote in sozialen Medien oder Banner-Werbungen. Firewall und Virenschutz-Software können Sie nicht vor jeder potentiellen Falle schützen. Nutzen Sie Ihren Hausverstand. Wie lautet die E-Mail-Adresse des Absenders? Passt sie zur eingelangten Nachricht? Aus welchem Grund soll ein Link angeklickt oder eine Datei heruntergeladen beziehungsweise geöffnet werden? Haben Sie überhaupt ein Konto bei der Bank, die Ihnen augenscheinlich eine Nachricht sendet? Haben Sie an einem Gewinnspiel teilgenommen? Cyber-Kriminelle werden allerdings immer trickreicher, sie erinnern zum Beispiel an eine offene Rechnung oder locken mit einer Gutschrift. Bleiben Sie jedenfalls skeptisch!

Öffnen Sie Dateianhänge in E-Mails und Dateien aus externen Quellen generell mit Vorsicht. Fragen Sie im Zweifelsfall beim Absender nach. Aber natürlich nicht mittels Antwort auf die fragwürdige Nachricht, sondern über einen anderen Kommunikationskanal. Das gute, alte Telefon bietet sich hier an. Seien Sie sehr vorsichtig beim Verwenden von Datenträgern aus externen Quellen, zum Beispiel USB-Speicherstick von Kunden oder Kollegen. Sie können nicht wissen, ob sich darauf außer den benötigten Daten nicht vielleicht auch Schadsoftware befindet.

Virenschutz-Programme einsetzen

Schutzprogramme vor Computer-Viren, die im Hintergrund laufend verdächtige Software und Prozesse überwachen und melden, müssen eine Selbstverständlichkeit sein. Denn Schadprogramme (englisch: Malware) können grundsätzlich alle IT-Geräte, IT-Systeme und Betriebssysteme befallen. Betroffen sein können neben klassischen IT-Systemen wie Arbeitsplatzrechnern und Servern auch mobile IT-Geräte wie Laptops, Smartphones und Netzwerk-Komponenten (zum Beispiel Router, Drucker, Kopierer) sowie IoT-Geräte (Internet of Things, zum Beispiel Smarthome-Geräte wie vernetzte Kameras und Lichtschalter). All diese IT-Geräte und IT-Systeme sind heutzutage durch Schadprogramme gefährdet. Ein Virenschutz-Programm muss daher auf diesen Geräten ebenfalls installiert und richtig konfiguriert sein.

Viele Hersteller solche Schutzprogramme bieten kostenlose Versionen an. Zwar verfügen diese im Vergleich zu den kostenpflichtigen Versionen oft über einen eingeschränkten Funktionsumfang (oder beinhalten Werbung), grundsätzlich sind aber auch Gratis-Versionen für stationäre Geräte sowie App-Versionen für mobile Geräte geeignet und erhöhen die Sicherheit. Das Bundesministerium für Digitalisierung und Wirtschaftsstandort nennt auf seiner Internetseite www.onlinesicherheit.gv.at folgende Beispiele für Virenschutz-Programme:

- Avast! Free Antivirus
- AVG Antivirus Free
- Avira Free Antivirus
- Kaspersky Free
- Panda Free Antivirus

Bei Windows-Systemen kann der mitgelieferte Windows-Defender aktiviert werden. Mobile Viren-Scanner für Google Android bieten die Hersteller Avast, AVG und Avira an. Weitere Programme und Testberichte finden Sie nach einer kurzen Internet-Recherche.

Hat Ihr Arbeitgeber bereits eine Wahl getroffen, die zentral installiert ist, dürfen die von der IT-Abteilung vorgenommenen Einstellungen nicht eigenmächtig verändert werden.

Firewalls einrichten und aktivieren

Eine Firewall überwacht Netzwerkverbindungen zwischen lokalem Netzwerk und Internet. Sie blockiert jene Verbindungen, die nicht ausdrücklich als „erlaubt" eingestuft sind. Firewalls gibt es in unterschiedlichsten Versionen und Preisklassen, je nach Einsatz- beziehungsweise Schutzzweck.

Einfache, aber dennoch wirksame Personal Firewalls für einzelne IT-Geräte wie Desktop-Rechner oder Laptops sind heutzutage in die Betriebssysteme integriert. Normalerweise sind die integrierten Firewalls automatisch aktiviert. Ratsam ist es dennoch, dies in den Einstellungen zu kontrollieren. Für den betrieblichen Einsatz sollten es leistungsstärkere Firewalls oder Firewall-Systeme sein, die in der Regel von den Kollegen in der IT-Abteilung installiert und konfiguriert werden (die von den IT-Experten getroffenen Voreinstellungen dürfen grundsätzlich nicht eigenmächtig verändert werden).

Manche Internet-Provider bieten Firewall-Dienste an. Dabei stellt der Internet-Provider die Firewall zur Verfügung und übernimmt deren Einrichtung und Wartung. Insbesondere wenn Sie nicht über das erforderliche Fachwissen verfügen, kann das eine denkbare Variante sein.

Die beste Firewall (übrigens auch das beste Virenschutz-Programm) ist nutzlos, wenn sie nicht richtig installiert und korrekt konfiguriert wird. Verfügen Sie nicht selbst über das notwendige IT-Fachwissen, dann ziehen Sie Experten zu Rate. Die paar Euro, die Sie das wahrscheinlich kostet, sind wirklich gut investiertes Geld.

Ansprechpartner für Datenschutz und IT-Sicherheit

Als Unternehmer, dessen Mitarbeiter im Homeoffice arbeiten, sollten Sie einen zentralen Ansprechpartner benennen, an den sich Ihre Mitarbeiter bei Fragen zum Datenschutz und zur IT-Sicherheit wenden können. Nicht alle Mitarbeiter sind wahrscheinlich technisch entsprechend versiert. Sie beugen damit Fehlverhalten oder unbedachter Eigeninitiative im Homeoffice vor.

Legen Sie fest, wem – zum Beispiel dem zentralen Ansprechpartner – Sicherheitsvorfälle, Daten- oder Geräteverluste, ausgefallene Anwendungen oder defekte IT-Geräte unverzüglich gemeldet werden müssen. All dies können Sie in der Homeoffice-Richtlinie für Mitarbeiter festhalten und kommunizieren. Werden bestimmte Fragen häufig gestellt, können Sie einen Fragen & Antworten-Bereich im Intranet einrichten.

Software regelmäßig updaten

Das beste Virenschutz-Programm und die beste (Personal) Firewall können Ihre Daten und IT-Geräte nur dann bestmöglich schützen, wenn sie stets auf dem aktuellsten Stand sind. Generell sollten alle Anwendungen regelmäßig aktualisiert werden. Updates und (Sicherheits-)Patches werden von den Herstellern in der Regel laufend angeboten und oftmals automatisch installiert. Mit solchen Updates schließen Hersteller unter anderem bekannt gewordene Sicherheitslücken. Es ist daher unerlässlich diese Sicherheits-Updates zeitnahe zu installieren.

Denken Sie dabei aber nicht nur an das Virenschutz-Programm und die Firewall, sondern insbesondere an das Betriebssystem, den Internet-Browser und sämtliche installierte Programme und Anwendungen. Aktivieren Sie den Auto-Update-Mechanismus. Verwenden Sie keine Software, die vom Hersteller nicht mehr mit Updates oder Sicherheits-Patches versorgt wird (wie zum Beispiel Windows 7).

Nur installieren was Sie tatsächlich brauchen

Das Internet ist voll von Freeware, also Anwendungen, die kostenfrei zum Download bereitstehen und genutzt werden dürfen. Seien Sie allerdings sparsam beim Installieren von Anwendungen, denn jede einzelne Anwendung mehr stellt ein zusätzliches Sicherheitsrisiko dar. Beachten Sie, dass Sie möglicherweise von Ihrem Dienstgeber gar nicht die Erlaubnis haben, eigenmächtig Programme zu installieren, oder dies nur nach Rücksprache beziehungsweise nach Freigabe der IT-Verantwortlichen tun dürfen.

Oftmals versuchen Installationsprogramme für Freeware Ihnen zusätzliche Software „unterzujubeln", so genannte unerwünschte Zugaben. So finanzieren sich Hersteller von Freeware teilweise. Klicken Sie sich also nicht unbedacht durch die einzelnen Installationsschritte, sondern schauen Sie genau, wo sich eine vorangekreuzte Checkbox versteckt – und lehnen Sie das Installieren dieser Software ab.

Deinstallieren Sie Anwendungen, die Sie nicht mehr benötigen. Löschen Sie beispielsweise unnötige Plug-Ins aus dem Internet-Browser.

Strenge Sicherheitseinstellungen wählen

Zahlreiche Anwendungen, zum Beispiel Internet-Browser, erlauben Ihnen in den Einstellungen, die Sicherheitsstufe zu erhöhen und weitere Maßnahmen zum Schutz von Hard- und Software zu aktivieren. So können Sie beispielsweise den Schutz vor Aktivitätenverfolgung im Internet (etwa durch soziale Netzwerke oder Cookies) erhöhen. Ob es hilft, wenn der Internet-Browser den besuchten Internetseiten eine „Do Not Track"-Information sendet und Google, Facebook & Co. Sie dann tatsächlich nicht verfolgen, kann wahrscheinlich niemand mit Sicherheit sagen. Schaden kann diese Einstellung jedoch nicht.

Löschen Sie Cookies, Website-Daten und den Chronikverlauf besuchter Internetseite bei jedem Schließen des Internet-Browsers. Blockieren Sie unerwünschte Pop-Up-Werbung und Werbebanner auf Internetseiten durch das Aktivieren eines Ad-Blockers (der in Internet-Browser heutzutage integriert ist und nur aktiviert werden muss). Manche besuchte Internetseiten werden Sie dann wahrscheinlich öfters dazu auffordern, die Cookie-Hinweise zu bestätigen oder Sie „warnen", dass Ihnen keine ach so nützliche Werbung eingeblendet werden kann. Letztendlich überwiegt aber das höhere Schutzniveau den kleinen Verlust an Bequemlichkeit.

Achten Sie darauf, dass nicht generell alle Anwendungen automatisch Zugriff auf eingebaute Mikrofone und Kamera haben. Insbesondere mobile Applikationen, kurz Apps, sind bekannt dafür, dass sie standardmäßig Zugriff auf zahlreiche Anwendungen und gespeicherte Daten haben, die für die eigentliche Funktion gar nicht erforderlich sind. Deaktivieren Sie diese Zugriffsberechtigungen. Sie werden erkennen, dass die allermeisten Apps auch ohne problemlos funktionieren.

Deaktivieren Sie nicht benutzte oder benötigte Schnittstellen und Anwendungen wie zum Beispiel die Standorterkennung, GPS-Sender, Bluetooth- oder WLAN-Schnittstellen und Fitness-Tracker. Damit erhöhen Sie zudem die Akkulaufzeiten deutlich.

Sprachassistenten deaktivieren

Apropos Zugriff auf Mikrofone unterbinden und nicht benötige Schnittstelle ausschalten: deaktivieren Sie im Homeoffice digitale Sprachassistenten, auch auf Ihrem Smartphone und im Auto, jedenfalls während Sie geschäftlich telefonieren oder an Videokonferenzen teilnehmen.

Digitale Sprachassistenten machen uns zwar den Alltag bequemer, aber wie so oft erkaufen wir uns diese Bequemlichkeit mit erhöhten Risiken für den Datenschutz. Lauschen Sprachassistenten im

Ruhemodus wirklich nicht? Wohin werden die Informationen übertragen? Und wozu werden sie von den Anbietern noch verwendet?

Ich möchte nicht behaupten, dass Sprachassistenten generell der Spion im eigenen Haus sind, aber Sie haben wahrscheinlich schon in den Medien gelesen, dass ein Hersteller Gesprächsprotokolle von Mitarbeitern (noch dazu in Heimarbeit) manuell auswerten ließ. Laut diesem Hersteller nur zum Zweck der Verbesserung der Spracherkennung. Nach dem Bekanntwerden wurde diese Art der Auswertung sofort eingestellt. Und jetzt findet das tatsächlich nicht mehr statt?

Informationen könnten gestohlen, unrechtmäßig kopiert, weiterverkauft und zum Beispiel für Erpressungsversuche, Betrug und Social Engineering genutzt werden. Es sollte uns daher bewusst sein, welche Risiken mit dem Nutzen digitaler Assistenten einhergehen.

Jeden Benutzer eindeutig identifizieren

Das so genannte Berechtigungsmanagement legt fest, welcher Benutzer worauf zugreifen darf und kann. Zur Unterscheidung des jeweiligen Benutzers (zum Beispiel Rollentrennung zwischen Backoffice-Mitarbeiter und Systemadministrator) dient die eindeutige Identifizierung beim Anmelden. Damit ist automatisch klar, dass Sie Ihre persönlichen Anmelde- beziehungsweise Login-Daten (oder Chipkarten, Tokens) geheim halten müssen beziehungsweise niemandem weitergeben dürfen (von dringenden Notfällen vielleicht einmal abgesehen).

Über die individuellen Anmeldedaten erkennt das IT-System, auf welche Anwendungen und Daten der betreffende Benutzer (aber auch andere IT-Komponenten) zugreifen darf, ob nur das Lesen von Informationen gestattet ist, oder auch das Ändern und Löschen. Unautorisierten Benutzern (oder IT-Komponenten) wird der Zugriff nicht gewährt. Damit wird unter anderem die gesetzliche Pflicht zur Datenminimierung erfüllt, denn jeder Benutzer darf nur auf jene (personenbezogenen) Daten zugreifen, die er oder sie zur Aufgabenerfüllung benötigt.

Übrigens: Niemand (außer vielleicht die Kollegen der IT-Abteilung), auch nicht der Chef, sollte im Alltag mit einem Account arbeiten, der über Administrationsrechte verfügt. Als Unternehmensberater bin ich ein Ein-Personen-Unternehmen, aber auch ich arbeite im beruflichen Alltag mit einem Benutzer-Account, der über eingeschränkte Rechte verfügt. Erst wenn mich mein Betriebssystem, zum Beispiel beim Installieren von Anwendungen, darauf aufmerksam macht, dass für den Installationsvorgang Administratorenrechte erforderlich sind, wechsle ich den Benutzer-Account.

Beruflich genutzte Passwörter und Login-Daten dürfen generell weder doppelt noch privat verwendet werden. Für Passwörter und Login-Daten, die den unerlaubten Zugriff auf Administratorenrechte schützen, gilt das logischer Weise ganz besonders.

Bildschirmsperre aktivieren

Dem Schutz vor unberechtigtem Zugriff dient die Sperre des Bildschirms. Sie lässt sich sowohl manuell vom jeweiligen Benutzer aktivieren als auch nach einem vorgegebenen Zeitintervall automatisch. Im Büro ebenso wie im Homeoffice sollte die Bildschirmsperre immer dann aktiviert werden, wenn Sie den Arbeitsplatz nur für kurze Zeit verlassen (zum Beispiel für den Weg zur Toilette oder zum Kaffee holen).

Sie verhindern dadurch, dass unbefugte Personen Ihren Rechner oder Laptop (oder das Smartphone!) benutzen und zum Beispiel von Ihrem Account in Ihrem Namen unerlaubt Nachrichten versenden (ganz egal, ob das vielleicht sogar in Ihrem Sinne ist, nur ein blöder Scherz ist oder in böswilliger Absicht geschieht).

Die aktivierte Bildschirmsperre – die sich nur nach Eingabe eines sicheren Passwortes deaktivieren lässt, bei dessen Eingabe Sie sich nicht beobachten lassen – verhindert beispielsweise auch, dass Kinder während Ihrer Abwesenheit auf der Tastatur herumtippen (und wer weiß was damit anrichten) oder Haustiere darüber laufen. Ich weiß wovon ich spreche. In meinem Homeoffice tummeln sich manchmal meine zwei Katzen. Die sind zwar zuckersüß und unschuldig, werden von der Tastatur des Laptops aber wie magisch angezogen. Oder machen ein Schläfchen darauf.

Bildschirmschutzfolien verwenden

Insbesondere beim Arbeiten in öffentlichen Umgebungen, wie zum Beispiel Gaststätten, Bahnhöfen oder Flughäfen, aber durchaus auch im Homeoffice, besteht die Gefahr, dass Ihnen jemand über die Schulter schaut. So besteht die Gefahr, dass vertrauliche Informationen, wie zum Beispiel Kundendaten, betriebsinterne Informationen oder Passwörter, fremden (unberechtigten) Personen bekannt werden.

Insbesondere Bereiche, die mittels Videos überwacht werden, können ein Sicherheitsproblem darstellen, weil hochauflösende Kameras alle Eingaben (etwa Passwörter über die Tastatur) und den Inhalt des Bildschirms aufzeichnen können. Überlegen Sie sich daher, ob Sie Bildschirmschutzfolien verwenden (die es erlauben, den Bildschirminhalt nur dann zu entziffern, wenn Sie direkt davorsitzen oder -stehen, aber nicht aus schrägem Winkel).

Am besten wäre es natürlich, wenn Sie auf das Arbeiten in öffentlichen Umgebungen – dazu zählen auch öffentliche Verkehrsmittel wie Bus, Bahn und Flugzeug – gänzlich verzichten. Ebenso sollte das geschäftliche Telefonieren in der Öffentlichkeit auf ein Minimum reduziert werden. Es ist faszinierend, was ich als Benutzer der öffentlichen Verkehrsmittel in Wien schon alles (ob ich wollte, oder nicht) mitgehört, oder auf Smartphone-Displays mitgelesen habe.

Geschäftsbereiche und Daten trennen

Als selbständiger Unternehmer haben sie – so wie ich selbst etwa mit Unternehmensberatung und Lebensmittelproduktion – womöglich mehrere aktive Geschäftsbereiche, die grundsätzlich nichts miteinander zu tun haben. Bis auf wenige Geschäftskontakte beziehungsweise Kunden und wenige Informationen gibt es vielleicht keine Überschneidungen. Trennen Sie diese Geschäftsbereiche, also (personenbezogene) Daten und Informationen, voreinander. Trennen Sie diese geschäftlichen Informationen auch von allen privaten Daten, zum Beispiel durch physisch getrennte Speichermedien und separate E-Mail-Accounts.

Sie sind damit datenschutzrechtlich auf der sicheren Seite (weil geschäftlich genutzte Daten nicht „unkontrolliert" vermischt werden) und können im Fall der Fälle verhindern, dass bei einem Datenverlust oder einer erfolgreichen Cyber-Attacke auf einmal alle Daten betroffen sind oder Informationen gestohlen werden.

Clean Desk Policy einhalten

Ebenso wie im Büro sollte im Homeoffice eine Clean Desk Policy gelten. Der Arbeitsplatz sollte also stets aufgeräumt hinterlassen werden, zum Beispiel wenn Sie zu einem Termin müssen oder Ihren Arbeitstag beenden. Dies sorgt dafür, dass unbefugte Personen – und dazu zählen auch Lebenspartner, Besucher, Freunde, Kinder – keinen Zugang zu IT-Geräten (zum Beispiel USB-Speichersticks, externe Festplatten) erhalten und betriebsinterne beziehungsweise vertrauliche Informationen nicht einsehen können.

Passwörter dürfen auf keinen Fall sichtbar oder leicht auffindbar aufbewahrt werden. Der Klassiker ist die leuchtend gelbe Haftnotiz mit den Anmeldedaten für den Desktop-Rechner oder Laptop, die weithin sichtbar am Bildschirm klebt. Da können Sie auch gleich auf das Passwort verzichten.

Bei kurzen Abwesenheiten während der Arbeitszeit kann es ausreichend sein, den Büroraum zu verschließen und den Bildschirm zu sperren. Bei geplanten Abwesenheiten, zum Beispiel Dienstreisen, Urlaub oder Aus- und Weiterbildungsveranstaltungen, soll der Arbeitsplatz so aufgeräumt werden, dass keine schutzbedürftigen

Datenträger oder Dokumente unverschlossen am Arbeitsplatz zurückgelassen werden.

Dienstliche Unterlagen sicher aufbewahren

Insbesondere geschäftliche Dokumente (die womöglich Betriebs- und Geschäftsgeheimnisse enthalten), IT-Geräte und Datenträger dürfen nur befugten Personen zugänglich sein. Denken Sie daran, dass Sie dazu geeignete Aufbewahrungsmöglichkeiten, zum Beispiel einen abschließbaren Kasten oder Rollcontainer, benötigen. Die Schlösser dieser Stauräume dürfen nicht mit einfachsten Werkzeugen, wie Büroklammern, zu öffnen sein. Bewahren Sie dienstliche Dokumente jedenfalls bei geplanten Abwesenheiten, zum Beispiel externen Terminen, Urlaub, sicher auf, oder wenn unbefugte Personen wie Reinigungskräfte, Handwerker oder Gäste anwesend sind.

Ein Handfeuerlöscher kann im Fall der Fälle gute Dienste leisten.

Mobile Geräte sicher aufbewahren

Ebenso wie geschäftliche Dokumente müssen sämtliche IT-Geräte sicher verwahrt werden. Niemals dürfen mobile Geräte wie Laptops, Tablets, Smartphones und Datenträger von außen sichtbar im Homeoffice liegengelassen werden. Das gilt ganz besonders für Autos, Züge oder Hotelzimmern. Ein schneller Griff (oder Einbruch) in einem kurzen Augenblick der Unachtsamkeit oder Abwesenheit reicht aus und das Gerät ist gestohlen.

Wie schnell ein Laptop aus einem versperrten (Dienst-)Auto entwendet wird, musste ich vor vielen Jahren selbst erleben. Sie dürfen dann Ihrem Chef erklären, was passiert ist, welche Daten abhandengekommen sind, was ein neuer Laptop und die Reparatur der eingeschlagenen Seitenscheibe am Dienst-Auto kosten. Sie werden wenig Freude haben an diesem Ereignis und es wird Sie jedenfalls viel Zeit kosten, den Normalzustand wiederherzustellen. Wenn Sie es nicht verhindern können, mobile Geräte sowie Dokumente (jedenfalls nur kurzfristig) im Auto zu hinterlassen, dann zumindest im nicht einsehbaren und versperrten Kofferraum.

Immer wieder erlebe ich auf Messen, bei Vorträgen oder Veranstaltungen, dass mobile IT-Geräte wie Laptops, Smartphones und USB-Speichersticks unbeobachtet liegengelassen werden oder außer Sichtweise des Eigentümers an einer Steckdose geladen werden. Das ist nicht nur außerhalb des Büros oder Homeoffices gefährlich, sondern mitunter auch im Büro oder Homeoffice. Unbefugte Personen können Zugriff auf Geräte und Daten erhalten, Anwendungen können unbefugt benutzt werden - oder die Geräte werden gestohlen. Seien Sie achtsam, auch in Ihren eigenen vier Wänden.

In diesem Zusammenhang sei erwähnt, dass Sie beruflich genutzte IT-Geräte niemals verleihen oder Fremden zur Nutzung überlassen dürfen, auch nicht Familienangehörigen, Kindern, Kollegen und Freunden. Schon gar nicht, wenn diese die Geräte unbeobachtet nutzen, beispielswiese zum Online-shoppen oder zum Spielen. Abgesehen davon, dass damit eine rechtlich relevante Datenschutzverletzung einher gehen kann, wissen Sie nicht wo überall herumgesurft wird und welche Schadprogramme Sie sich möglicherweise einfangen.

Vor Diebstahl und Einbruch schützen

Achten Sie darauf, Diebstähle und Einbrüche zu verhindern beziehungswiese das Risiko zu minimieren. Schließen Sie Fenster und (Terrassen-)Türen, wenn Sie den Heimarbeitsplatz, womöglich auch nur für kurze Zeit, verlassen. Denken Sie daran: Gelegenheit macht Diebe.

Fenster und Türen mit höherer Schutzklasse und eventuell eine Alarmanlage (inklusive automatische Alarm-Meldung an die Polizei oder einen Wachdienst) erhöhen das Schutzniveau zusätzlich. Diebe und Einbrecher gehen den Weg des geringsten Widerstandes. Abschreckende Wirkung kann daher haben, wenn schon von außen ersichtlich ist, dass eine Alarmanlage vorhanden ist. Ich habe beispielsweise den Bedienteil meiner Alarmanlage bewusst und deutlich sichtbar außen neben der Wohnungstür anbringen lassen.

IT-Geräte und Daten sicher transportieren

Sicherlich werden Sie ab und zu zwischen Homeoffice und Unternehmensstandort pendeln. Auch zu Kundenterminen oder Treffen mit Geschäftspartnern nehmen Sie Smartphone und gegebenenfalls Laptop, USB-Speichersticks, Dokumente und Verträge usw. mit. Seien Sie achtsam beim Transport, ganz besonders, wenn Sie dafür einen Rucksack verwenden, den Sie am Rücken tragen. In vollbesetzen öffentlichen Verkehrsmitteln oder inmitten von Menschenansammlungen sind Rucksäcke ganz schnell und unbemerkt von Ihnen als Träger aufgeschnitten und der Inhalt entwendet. Um dies zu verhindern, gibt es beispielsweise Rucksäcke aus schnittfestem Material.

Auf mobilen Speicherträgern dürfen beim Transport nur Kopien von Daten sein, niemals die Originaldateien. Idealer Weise sind Daten auf mobilen Datenspeichern verschlüsselt. Berücksichtigen Sie diese beiden Punkte, dann bleiben die unangenehmen Folgen eines gestohlenen USB-Speicherstick oder externen Festplatte im Regelfall überschaubar.

Denken Sie daran, dass es sich bei Papierdokumenten wie Verträgen oft um Unikate mit Originalunterschriften handelt. Solche Dokumente mit allen Unterschriften erneut zu organisieren, kann zeitintensiv sein (und Sie werden beichten müssen, warum Chef oder Geschäftspartner nochmals unterschreiben müssen).

Sicher auf Dienstreisen und im Urlaub

Sie verbringen wahrscheinlich nicht Ihre ganze Arbeitszeit im Homeoffice. Zumindest zwischen Homeoffice und Ihrem regulären Arbeitsplatz werden Sie ab und zu pendeln. Ebenso werden Sie das

Homeoffice für Kundenbesuche und Dienstreichen verlassen. Insbesondere Selbständige nehmen den beruflich genutzten Laptop oftmals auch in den Urlaub mit. Unterwegs sind Datenschutz und IT-Sicherheit mindestens so wichtig wie im Homeoffice.

Scannen Sie wichtige Dokumente, wie zum Beispiel Reisepässe oder Ausweise, Flugtickets, Buchungsunterlagen oder Verträge, die Sie auf Reisen oder zu Kundenbesuchen mitnehmen, vorsorglich für den Notfall ein. Speichern Sie diese auf einem USB Speicherstick oder in einer Cloud, natürlich mit einem starken Passwort gesichert oder verschlüsselt. Überlegen Sie sich, ob Sie tatsächlich Original-Dokumente mitführen müssen, oder ob Kopien ausreichen. Wo viele Menschen unterwegs sind, etwa auf Bahnhöfen und Flughäfen, sind Diebe nicht weit. Laptops und Smartphones sind beliebte Beutestücke, denn diese kann der Täter zumeist sehr schnell zu Geld machen. Dabei entsteht nicht nur materieller Schaden, auch die Gefahr eines Datenverlustes (und damit einer Datenschutzverletzung) ist groß. Nehmen Sie nur jene IT-Geräte mit auf Reisen, die unverzichtbar sind.

Schalten Sie während der Abwesenheit das WLAN im Homeoffice aus. Nutzen Sie Smart Home-Geräte in Ihrem Haushalt, dann schalten Sie vor der Abreise eventuell in den Abwesenheitsmodus. Damit erwecken Ihre vier Wände den Eindruck, dass sie bewohnt sind und schrecken mögliche Einbrecher ab. Geben Sie nicht allzu viele Informationen über Ihre Abwesenheit preis, weder in sozialen Medien, noch in einer automatischen Abwesenheitsnotiz der E-Mail-Anwendung. Bringen Sie die Sicherheitsfunktionen jener IT-Geräte, die Sie mit auf die Reise nehmen, auf den aktuellen Stand. Prüfen Sie, ob Ihr Mobilfunkvertrag die Kosten für das Telefonieren und Surfen im Ausland umfasst.

Seine Sie unterwegs vorsichtig beim Nutzen öffentlicher WLAN-Netzwerke und nutzen Sie keine öffentlich zugänglichen Rechner, wie sie oftmals in Hotels angeboten werden. Sie wissen nicht, wie sicher diese IT-Geräte sind, und ob sie frei von Schadprogrammen sind. Geben Sie auf solchen frei zugänglichen Endgeräten niemals vertrauliche Daten ein, und verzichten Sie auf Online-Banking und Online-Shopping sowie den Zugriff auf zentrale Speichermedien Ihres Unternehmens. Schließen Sie keine externen Speichermedien, wie USB-Speichersticks oder SD-Karten, an, und löschen Sie sämtliche Daten, die Sie auf öffentlich zugänglichen Rechnern gespeichert haben (auch den Browser-Verlauf).

Deaktivieren Sie am Smartphone alle Schnittstellen, die nicht benötigt werden (Bluetooth, NFC, Standorterkennung, GPS, WLAN usw.) beziehungsweise aktivieren Sie diese Schnittstellen nur im Bedarfsfall. Verzichten Sie während der Reise darauf, Schnappschüsse in sozialen Netzwerken wie Facebook oder Instagram zu posten. Legen Sie in sozialen Medien offen, dass Sie nicht Zuhause sind, erhöhen Sie damit das Risiko von Einbrüchen, aber auch Social Engineering-Attacken.

Verbinden Sie mobile Geräte, wie beispielsweise Ihr Smartphone, nicht via Bluetooth oder anderen Schnittstellen mit öffentlich zugänglichen Geräten. Sie wissen in der Regel nicht ob und welche Daten tatsächlich übertragen werden. Das gilt auch für Mietwagen, die oft eine Bluetooth-Verbindung zwischen Smartphone und Bordsystem anbieten. Es mag bequem sein via Bordsystem des Mietwagens auf Kontakte zugreifen zu können, aber Sie wissen nicht, wohin das Bordsystem die Daten sonst noch überträgt. Und wenn Sie den Mietwagen an den Verleiher zurückgeben: wie löschen Sie die Daten sicher aus dem Bordsystem?

Gespeicherte Daten verschlüsseln

Je nach Art und Umfang der gespeicherten Daten sollen beziehungsweise müssen Daten grundsätzlich verschlüsselt gespeichert werden. Ratsam ist das Verschlüsseln beispielsweise für einen großen Bestand an Kundendaten (Kontaktinformationen, Bestelldaten usw.) oder Mitarbeiterdaten. Insbesondere dann, wenn sich im Datenbestand sensible (im Sinne der DSGVO „Daten der besonderen

Kategorie") oder vertrauliche Informationen (Geschäftsgeheimnisse, Kalkulationsgrundlagen usw.) befinden.

Jedenfalls sind solche Daten mittels Verschlüsselung zu schützen, wenn sie auf mobilen Datenträgern, wie zum Beispiel Laptops, Smartphones oder USB-Speichersticks, gespeichert sowie gegebenenfalls transportiert werden. So schützen Sie die Daten wirksam vor dem Zugriff durch unbefugte Personen – dazu zählen unter anderem Familienmitglieder, Kollegen, Cyber-Kriminelle und Diebe oder Finder von verlorenen Laptops und mobilen Datenträgern.

Daten sicher übertragen

Daten, die über unsichere Datenverbindungen oder unverschlüsselt übertragen werden, sind für Kriminelle so einfach zu lesen wie die Rückseite eine Postkarte, sagte ein IT-Experte einmal zu mir. Datenübertragungen zwischen Mail- und Web-Servern im Internet und Endgeräten wie Laptop und Smartphone erfolgen im Normalfall unverschlüsselt. Daher können übertragene Daten grundsätzlich abgehört oder manipuliert werden.

Um dies bei der Datenübertragung zu verhindern, sollte zumindest das Verschlüsselungsprotokoll SSL/TLS verwendet werden. Mit SSL/TLS werden übertragene Daten verschlüsselt und sind für Außenstehende nicht lesbar. Weiters wird die Identität des Web-Servers, der die Daten verarbeitet, anhand eines digitalen Zertifikats geprüft. Die allermeisten Mail-Server beziehungsweise E-Mail-Anwendungen unterstützen dieses Sicherheitszertifikat. Es muss lediglich in den Kontoeinstellungen aktiviert werden. Können Sie E-Mails via Tablet oder Smartphone empfangen und senden, dann denken Sie beim Aktivieren des SSL/TLS-Zertifikates auch an diese Geräte.

Signatur-Zertifikate, die ein paar Euro Jahresgebühr kosten und für die Sie sich einmal bei einem externen Dienstleister legitimieren müssen, erhöhen die Sicherheit ebenfalls. Sie beziehungsweise die Empfänger Ihrer Nachrichten können sich damit sicher sein, dass die Nachricht wirklich vom angezeigten Absender stammt.

Für Internetseiten ist mittlerweile das HTTPS-Protokoll Stand der Technik. Internetseiten, die dieses Protokoll noch nicht verwenden, werden von vielen aktuellen Internet-Browsern bereits blockiert beziehungsweise warnt der Browser vor dem Aufrufen der Seite. Suchmaschinen ignorieren Internetseiten ohne HTTPS oder reihen Sie in den Suchergebnissen an die hintersten Plätze.

Virtual Private Network-Verbindungen, kurz VPN, sind eine weitere Möglichkeit, um Daten sicher zu übertragen. VPNs schützen übertragene Daten mithilfe kryptografischer Verfahren und können die Risiken öffentlicher WLAN-Hotspots reduzieren. VPN-Clients, VPN-Server und VPN-Verbindungen sollten ausschließlich von IT-Experten installiert und konfiguriert werden, also von den Kollegen aus der IT-Abteilung oder einem externen Dienstleister.

Richtige Empfänger wählen

Sicher kommunizieren heißt ebenso, dass Sie stets die richtigen Kommunikationspartner wählen. Sicherlich sind auch in Ihrem Posteingang schon einmal so genannte Irrläufer gelandet, also von internen oder externen Absendern versendete E-Mails, die nicht Sie, sondern einen ganz anderen (internen oder externen) Empfänger erreichen sollten. Das kann fatale Folgen haben!

Die Listen mit den zu überweisenden Gehältern aller Mitarbeiter, vom Geschäftsführer bis zum Praktikanten, sind für die Buchhaltung oder die Finanzabteilung bestimmt, aber sicher nicht für andere Empfänger. Vertrauliche Informationen, wie Preiskalkulationen, interne Kundendaten oder technische Details zu Produktinnovationen, dürfen keinesfalls an unbefugte Personen geschickt werden.

So bequem es ist, wenn E-Mail-Anwendungen schon beim ersten Buchstaben in den Adresszeile zuvor verwendete E-Mail-Adressen vorschlagen, so gefährlich ist das auch. Viele E-Mail-Adressen fangen nun einmal mit denselben Buchstaben an. Passen Sie insbesondere bei Namensgleichheiten auf. Ich selbst erhalte ab und zu Nachrichten von einem Unternehmen, die eigentlich für die dort beschäftigte Mitarbeiterin im Back-Office bestimmt sind, die zufälliger Weise denselben Nachnamen trägt wie ich.

Korrekter Weise sollten Sie, sobald Sie bemerken, dass eine Nachricht an die falsche E-Mail-Adresse gesendet wurde, den Empfänger auffordern, diesen Irrläufer samt Inhalt und Anhängen zu löschen – und ihn ersuchen, dies kurz zu bestätigen. Eventuell ist es angebracht, sich zu entschuldigen.

Achten Sie daher auf den oder die richtigen Kommunikationspartner. Bei E-Mails genauso wie am Telefon, per Post oder Fax. Prüfen Sie vor dem Klick auf „Senden" noch einmal die ausgewählten E-Mail-Adressen, vergewissern Sie sich, dass Sie die richtige Person am Telefon haben und verwechseln Sie keine Postadressen.

Keine Messenger-Dienste verwenden

Nicht nur die Datenschutzbehörde spricht die klare Empfehlung aus, keine privaten Kommunikationsmittel, wie beispielsweise WhatsApp, Facebook und Instagram, für das Austauschen beruflichen Informationen zu verwenden.

Ja, ich weiß, wann immer ich Kunden und Geschäftspartner darauf hinweise, dass WhatsApp & Co. in der geschäftlichen Kommunikation nichts zu suchen haben, wird mir erklärt, dass solche Nachrichtendienste heutzutage unverzichtbar sind, auch beruflich. Das mag so sein, es ändert aber nichts daran, dass das Nutzen von WhatsApp & Co. oft datenschutzrechtlich bedenklich ist.

Das liegt weniger daran, dass die übertragenen Informationen nicht sicher sind. Die meisten Messenger übertragen Daten mittlerweile verschlüsselt. Viel mehr sind die möglichen (und in der Regel umfassenden) Zugriffe der Dienstanbieter auf die am Endgerät gespeicherten (personenbezogenen) Daten das Problem. Trotz seitenlanger Nutzungs- und Datenschutzhinweise der Anbieter wissen wir schlichtweg nicht, wie viele und welche Daten aus dem Endgerät ausgelesen werden, wohin diese übertragen und wozu sie verwendet (oder sogar weiterverkauft) werden.

Für Ihre privaten Daten sind Sie selbst verantwortlich (und müssen sich, wenn gestohlene private Daten, Fotos, usw. von Familie und Freunden wo auch immer auftauchen, nur vor diesen rechtfertigen) beziehungsweise gelten für das rein private Nutzen von personenbezogenen Daten die gesetzlichen Bestimmungen der DSGVO sowie der Datenschutzgesetze nicht – für geschäftliche Daten aber sehr wohl! Oftmals ist das datenschutzrechtlich korrekte Verarbeiten von personenbezogenen Daten beim Nutzen von Messenger-Diensten so gut wie unmöglich.

Sollte Ihr Arbeitgeber eventuell das geschäftliche Nutzen von WhatsApp & Co. generell und vorsorglich verbieten, dann nehmen Sie dieses Verbot ernst und halten sich daran! Zur Herausforderung kann dies insbesondere dann werden, wenn Sie Endgeräte sowohl beruflich als auch privat verwenden und dadurch geschäftliche und private Daten vermischt werden. Dieser Knoten ist de facto unlösbar. Besser ist es, wenn Sie zwei getrennte Endgeräte verwenden und nur auf dem privaten Gerät via WhatsApp & Co. kommunizieren.

Vorsicht bei Fernwartung!

Unter Fernwartung verstehen wir einen räumlich getrennten Zugriff auf IT-Systeme und die darauf laufenden Anwendungen zu Konfigurations-, Wartungs-, Reparatur- oder Kontrollzwecken. Dabei werden unter anderem die Signale einer Maus und Tastaturbefehle sowie Bildschirminhalte übertragen.

Gerade im Homeoffice kann es vorkommen, dass sich die IT-Abteilung Ihres Arbeitgebers oder Ihr externer IT-Dienstleister, der vielleicht ebenfalls im Homeoffice sitzt, von extern mit Ihrem Rechner verbinden, beispielsweise um IT-Probleme zu lösen, die Sie selbst überfordern.

Vergewissern Sie sich, dass ein Fernwartungszugriff tatsächlich von der dazu legitimierten Person durchgeführt wird, also zum Beispiel einem persönlich bekannten Kollegen aus der IT-Abteilung. Niemals darf es passieren, dass unbefugte Personen mittels Fernwartung auf Ihre IT-Infrastruktur, Endgeräte oder gespeicherte Daten zugreifen können. Denken Sie daran, die Kommunikationsverbindung nach vollzogenem Fernzugriff sicher zu trennen.

Daten über sicheres WLAN übertragen

Drahtlose Netzwerke, kurz WLANs, bieten einen Gewinn an Komfort und Mobilität, das Nutzen bringt jedoch eine Vielzahl an Risiken für Daten, Informationen und IT-Systeme mit sich. Auch in Büroräumlichkeiten und im Homeoffice sowieso werden Daten vermehrt über WLAN übertragen. Die Gefahren dürfen dabei aber nicht unterschätzt werden.

Beim Installieren von WLAN-Lösungen oder dem Absichern bereits bestehender WLANs gilt es unter anderem auf die geeignete Positionierung und Ausrichtung der WLAN-Access-Points zu achten. Einerseits soll der WLAN-Empfang außerhalb der eigenen vier Wände möglichst verhindert werden, andererseits soll der WLAN-Empfang im ganzen Homeoffice einwandfrei sein. Als Verschlüsselungsoptionen müssen der Standard WPA oder besser WPA2 aktiviert sein und die Standard-Einstellungen, insbesondere das Standard-Passwort, muss vor der Inbetriebnahme angepasst beziehungsweise geändert werden.

Sind Sie nicht selbst entsprechend fachlich versiert, ziehen Sie IT-Experten (oder die Kollegen aus der IT-Abteilung) zu Rate.

Vorsicht im Free-/Public-WLAN!

Frei zugängliches WLAN-Netzwerke gibt es heutzutage schon an sehr vielen Orten. Beinahe jedes (Schnell-)Restaurant, Kaffeehaus, Shoppingcenter und Hotel, jeder Bahnhof und Flughafen offerieren Gratis-WLAN. In der Wiener Innenstadt bietet die Stadt Wien fast flächendeckend WLAN-Empfang an. Grundsätzlich sollten öffentliche WLAN-Netze als unsicher eingestuft werden (und im Zweifelsfall gar nicht genutzt werden), denn Sie können niemals sicher sein, wie geschützt übertragene Daten wirklich sind.

Keinesfalls sollten Sie über ein öffentliches WLAN-Netzwerk sensible Daten übertragen oder sehr vertrauenswürdige Anwendungen, wie zum Beispiel Online-Banking, nutzen.

Als öffentliches WLAN, dessen Sicherheit Sie nicht kennen, sollten Sie genauso Gäste-WLANs betrachten, die viele Unternehmen Ihren Besuchern zur Verfügung stellen. Dabei sollten gegebenenfalls datenschutzrechtliche Aspekte berücksichtigt werden. Beispielsweise müssen alle Nutzer des Gäste-WLANS darüber informiert werden, welche Daten verarbeitet werden (siehe Informationspflichten gemäß DSGVO), und dass die Verwendung zu illegalen Zwecken untersagt ist.

Kabel nicht fliegend verlegen

Weil wir gerade beim Thema „wireless" sind: nach wie vor werden viele IT-Geräte wie Laptop, Bildschirm, Lautsprecher und Drucker untereinander mit Kabeln verbunden oder hängen mittels Netzkabel an der Steckdose. Fliegende Verkabelungen sind dabei zu vermeiden. Kabelstränge, die über den Boden verlaufen, sollten mit einem Kabelschacht abgedeckt werden. Die Gefahr, dass durch eine Unachtsamkeit Kabel aus Steckdosen, USB- oder HDMI-Anschlüssen herausgerissen werden (was womöglich das ganze Gerät unbrauchbar macht), oder jemand über frei herumliegende Kabel stolpert, ist einfach zu groß.

Aus eigener Erfahrung kann ich berichten, dass mit frei herabhängenden Kabeln gerne meine beiden schon erwähnten Katzen gespielt haben. In ihrem unendlichen Spieltrieb haben sie am herabhängenden Kabel einen Lautsprecher vom Tisch gezogen, der krachend auf dem Boden landete und natürlich kaputt war. Einen Tag später waren meine Kabel in einem Spiralschlauch gebündelt und sicher verlegt.

Daten zentral speichern und sichern

Wenn Daten in Ihrem Unternehmen zentral gespeichert werden, dann sollten Sie das vom Homeoffice aus ebenso tun (und dafür entsprechend sichere Datenverbindungen verwenden). Unterlassen Sie das Speichern auf lokalen Festplatten oder Speichermedien in Endgeräten wie Laptops - insbesondere, wenn es sich um private Geräte handelt. Erfolgt das Speichern nicht durchgehend zentral, besteht die große Gefahr, dass es zu einem Wildwuchs an Speicherplätzen (für deren Sicherheit nur schwerlich gesorgt werden kann) und Versionen von Dokumenten kommt.

Eventuell sind Ausnahmen vom zentralen Speichern in Notfällen sinnvoll, zum Beispiel wenn die Internetverbindung zum zentralen Speicherplatz unterbrochen ist. In diesen Fällen können (personenbezogene) Daten und schutzbedürftige Informationen auf den im Homeoffice verwendeten lokalen Geräten gespeichert und bei nächster Gelegenheit auf den zentralen Speicherplatz übertragen werden. Auf den lokal genutzten Speicherträgern sind diese Daten und Informationen anschließend sicher zu löschen.

Sicherungskopien erstellen

Eine der wesentlichsten und wichtigsten Maßnahmen zum Schutz von Daten ist das regelmäßige Erstellen von Sicherungskopien. Gehen Daten verloren, zum Beispiel durch defekte Hardware oder Schadprogramme, können gravierende Schäden entstehen. In unserer vernetzten und hochtechnisierten Geschäftswelt kann es sogar Existenz bedrohende Folgen haben, wenn Sie vernichtete, irrtümlich gelöschte oder böswillig gestohlene Daten nicht wiederherstellen können.

Durch regelmäßige Datensicherungen (Backups) lassen sich die Auswirkungen reduzieren. Datensicherungen sollen gewährleisten, dass Geschäftsprozesse sowie der IT-Betrieb zeitnahe wiederaufgenommen werden können. Datensicherungen müssen regelmäßig durchgeführt werden. Dabei sind mindestens jene Daten regelmäßig zu sichern, die nicht aus anderen Daten und Informationen ableitbar sind. Die erstellten Backup-Datenträger müssen vor dem Zugriff unbefugter Dritter geschützt werden.

Von der Menge und Wichtigkeit der laufend neu gesicherten Daten und dem möglichen Schaden bei Verlust dieser Daten ist abhängig, wie häufig gesichert wird (täglich, wöchentlich, monatlich). Entscheiden müssen Sie, ob Sie online (auf einem File-Server im Netzwerk oder einem Cloud-Speicher) oder offline (auf einem externen Datenträger, der nicht mit dem Netzwerk verbunden ist) sichern. Beide Methoden haben Vor- und Nachteile. Das Online-Sichern können Sie automatisch laufen lassen (Sie können also nicht auf das Sichern vergessen), vor einem Cyber-Angriff auf Ihr Netzwerk ist allerdings die externe Festplatte besser geschützt.

Denken Sie beim Erstellen von Datensicherungen auch an mobile IT-Geräte, wie zum Beispiel Laptops und Smartphones, und Sicherungskopien von Anwendungen (Software) und Betriebssystemen. Wenn Sie Cloud-Speicher nutzen, dann sichern Sie regelmäßig die Daten in der Cloud offline, zum Beispiel auf eine externe Festplatte. Es kann nämlich passieren, dass Cloud-Speicherdienste für Stunden nicht verfügbar sind oder Sie einfach keine Internetverbindung haben.

Um die Vertraulichkeit der gesicherten Daten zu gewährleisten, sollten alle gespeicherten Daten verschlüsselt sein. Verwenden Sie dazu starke Passwörter. Merken Sie sich diese Passwörter gut, denn ein Verlust kann die Datensicherung unbrauchbar machen.

Backup-Datenträger sicher aufbewahren

Beim Aufbewahren von Backup-Datenträgern ist besondere Sorgfalt geboten. Sie müssen gut geschützt gelagert werden. Sie sollten räumlich getrennt (idealer Weise auch hinsichtlich Brandabschnitt) von den Quellsystemen aufbewahrt werden, um zu vermeiden, dass von einem Brand, Wasserschaden, Einbruch usw. im Homeoffice ja nicht die Datensicherungen betroffen sind. Der Zugriff auf die Backup-Datenträger darf nur durch dazu befugte Personen möglich sein.

Niemand will BACKUP, alle wollen RESTORE!

Die beste Datensicherung ist vollkommen nutzlos, wenn sich die gesicherten Daten im Fall der Fälle nicht wieder in die IT-Systeme und Endgeräte einspielen lassen. Sie sichern Ihre Daten ja nicht der Datensicherung willen, sondern um die Daten nach einem Verlust wiederherstellen zu können. Also testen Sie das Wiederherstellen der gesicherten Daten ab und zu, um zu prüfen, ob sich die Daten wie gewünscht und problemlos zurückspielen lassen.

Daten sicher löschen

Damit (personenbezogene) Daten und Informationen nicht in falsche oder unbefugte Hände gelangen, ist das vollständige und zuverlässige Löschen von Daten unumgänglich. Denken Sie dabei nicht nur an elektronisch gespeicherte Daten, sondern ebenso an analog gespeicherte Daten auf Papier (Verträge, Fehldrucke usw.). Werden nicht oder nur unvollständig gelöschte Datenträger weitergegeben, verkauft oder ausgesondert, landen schützenswerte (personenbezogene) und vertrauliche Daten und Informationen möglicherweise in falschen Händen. Erhebliche Schäden sowie eventuell Gesetzesverstöße können die Folge sein.

Immer wieder gehen IT-Experten auf Plattformen wie eBay auf Einkaufstour und kaufen gebrauchte Laptops, Drucker und Festplatten. Darauf finden sie regelmäßig eine unglaubliche Fülle an geschäftlichen und privaten Daten. In den Medien berichtet wurde beispielsweise von einem Laptop, den die deutsche Bundeswehr ausgesondert hat. Lediglich mit dummdreisten Passwörtern „geschützt“ fand sich darauf die komplette Dokumentation eines Flugabwehrraketensystems.

Für das Löschen und Vernichten von Datenträgern (zum Beispiel Festplatten, USB-Speichersticks, Speicherkarten, Flash-Speicher, CD-ROMs, DVDs, Magnetbänder, Papier) muss die jeweils geeignete Löschmethode gewählt werden. Daten auf Festplatten können mit spezieller Software durch Überschreiben vollständig und nicht wiederherstellbar gelöscht werden. Dabei werden die Daten einmal oder mehrfach mit vorgegebenen Zeichen oder Zufallszahlen überschrieben, was in den meisten Fällen ausreichend ist. Es gibt sowohl (kostenfreie) Freeware als auch (kostenpflichtige) kommerzielle Produkte, die solche Überschreibmethoden ausführen.

Für das Vernichten von Papier eignen sich Aktenvernichter oder Shredder. Jedenfalls müssen Datenträger, die nicht mehr benötigt oder aufgrund von Defekten ausgesondert werden, so entsorgt werden, dass keine Rückschlüsse auf vorher gespeicherte Daten möglich sind.

Auch in stationären (zum Beispiel Desktop-Rechner, Drucker, Kopierer) und mobilen IT-Geräten (wie Laptop, Smartphone, Tablet, usw.) sind Datenspeicher wie Festplatten, SD-Karten usw. verbaut. Werden diese IT-Geräte weitergegeben (zum Beispiel zur Reparatur), verkauft oder ausgesondert, müssen die Daten auf den fix oder temporär (Speicherkarten) eingebauten Datenträgern sicher gelöscht werden.

Beauftragen Sie spezielle Dienstleister mit dem Löschen oder Vernichten von Daten und Datenträgern, sollte der Abtransport sowie der Entsorgungsprozess begleitet und kontrolliert werden.

Sicherheits-Newsletter abonnieren

Es wird Ihnen nicht möglich sein, ständig nach neuen Gefahren für Daten und IT-Infrastruktur Ausschau zu halten. Lassen Sie sich automatisch informieren, indem Sie E-Mail-Newsletter von entsprechenden Informationsdiensten oder Organisationen abonnieren. So bekommen Sie Infos zu den neuesten Gefahren, übelsten Tricks von Cyber-Kriminellen und bekannt gewordene Sicherheitslücken von Anwendungen laufend in den Posteingang geliefert. Solche kostenfreien E-Mail-Newsletter bieten zum Beispiel an:

- Heise.de (Heise Medien GmbH & Co. KG)
- Watchlist-internet.at (Österreichisches Institut für angewandte Telekommunikation)
- Mimikama.at (mimikama - Verein zur Aufklärung über Internetmissbrauch)

Ab und zu ein Blick auf die Internetseite www.bsi-fuer-bürger.de des deutschen Bundesamtes für Sicherheit in der Informationstechnik oder in die Rubrik „Sicherheitswarnungen" der Internetseite www.onlinesicherheit.gv.at des Bundesministeriums für Digitalisierung und Wirtschaftsstandort und des Zentrums für sichere Informationstechnologie-Austria kann ich Ihnen ebenfalls empfehlen. Manche dieser Organisationen informieren parallel über die jeweiligen Social Media-Auftritte, wie zum Beispiel Facebook.

Die Wirtschaftskammer Österreich informiert auf der Internetseite www.it-safe.at ebenso zum Thema Datenschutz und Cyber-Sicherheit sowie über aktuelle Betrugsmeldungen.

Mitarbeiter sensibilisieren und schulen

Datenschutz und IT-Sicherheit können nur dann erfolgreich und effizient umgesetzt werden, wenn alle Mitarbeiter - interne und externe, angestellte und selbständige, im Büro und im Homeoffice - für relevante Gefährdungen sensibilisiert werden. Wesentlich ist es, allen Mitarbeitern die Abhängigkeit von Daten und Informationen aufzuzeigen. Denn der „Faktor Mensch" ist einer der größten Risikofaktoren im Zusammenhang mit Datenschutz und IT-Sicherheit.

Durch Schulungen erwerben Mitarbeiter die notwendigen Kenntnisse und Kompetenzen für sicherheitsbewusstes Verhalten, im beruflichen ebenso wie im privaten Umfeld und im Homeoffice. Um nachhaltige Ergebnisse zu erzielen, ist nicht nur ein einmaliger, sondern kontinuierlicher Schulungs- und Sensibilisierungsprozess erforderlich.

Bereits in kleineren Unternehmen sollte es einen zentralen Ansprechpartner für alle Fragen zu Datenschutz und IT-Sicherheit geben, der sowohl scheinbar einfache als auch komplexe oder technische Fragen beantworten kann. Empfehlenswert sind verbindliche, verständliche und aktuelle Richtlinien zum Nutzen der jeweiligen IT-Systeme, Anwendungen und IT-Geräte. Maßnahmen zur Sensibilisierung und Schulungen sollen sich an den jeweiligen Aufgabenbereichen, wie zum Beispiel Backoffice, Außendienst, Administrator, orientieren. Mögliche Schulungsinhalte können sein:

- Richtiger Umgang mit (sensiblen/personenbezogenen) Daten und Informationen
- Sichere Passwörter und deren Handhabung
- Sicheres Nutzen von E-Mails, Internet und sozialen Medien
- Schutz vor Schadprogrammen und Datensicherung
- Sicherer Umgang mit mobilen Endgeräten (Laptop, Smartphone, mobile Datenspeicher usw.)
- Sicheres Arbeiten in fremder oder öffentlicher Umgebung
- Richtiges Verhalten beim Erkennen von Sicherheitsproblemen
- Gestalten von sicheren Heimarbeitsplätzen

Besonders exponierte Personen, wie zum Beispiel Funktionsträger, Führungskräfte und Mitarbeiter in sensiblen Bereichen (zum Beispiel System-Administratoren), sollen vertiefende Schulungen hinsichtlich möglicher Risiken und Gefährdungen sowie geeignete Verhaltensweisen erhalten.

Bedenken Sie als Chef oder Unternehmer, dass jeder einzelne Mitarbeiter irgendwann einmal falsch klicken und damit das ganze Unternehmen lahmlegen kann. Ganz abgesehen davon, dass eventuelle Gesetzesverstöße und Sanktionen immer beim Chef als Letztverantwortlichen hängen bleiben.

Datenschutzabkommen mit den USA ungültig

Zum Abschluss dieses Kapitels noch ein Hinweis aus recht aktuellem Anlass. Im Juli 2020 hat der Europäische Gerichtshof EuGH das Datenschutzabkommen zwischen der Europäischen Union und den Vereinigten Staaten von Amerika, das EU-US-Privacy Shield-Abkommen, mit sofortiger Wirkung für ungültig erklärt. Das heißt, dass es seit diesem Urteilsspruch keine gültige Rechtsgrundlage für den Datentransfer an die USA und US-amerikanische Unternehmen gibt.

Wie es dazu gekommen ist und in welches Datenschutz-Dilemma uns der EuGH beziehungsweise die EU mit einer an der Realität vorbeigehenden Datenschutz-Grundverordnung manövriert haben, ist eine längere Geschichte. Fakt ist, dass Sie Dienste und Anwendungen von US-amerikanischen Anbietern (bei denen in der Regel davon ausgegangen werden kann, dass ein Datentransfer an die USA stattfindet) nicht mehr rechtskonform verwenden können. Genau genommen müssten Sie im geschäftlichen Alltag auf sämtliche Anwendungen von Microsoft, Google, Facebook, YouTube, Amazon usw. verzichten. Was würde das für Ihren Geschäftsbetrieb bedeuten? Höchstwahrscheinlich massive Einschränkungen.

Wie es zu diesem Urteil des EuGHs gekommen ist sowie ein paar Maßnahmen, die Sie setzen können und sollten, finden Sie auf meiner Internetseite unter www.andreasdolezal.at/homeoffice. Dort werde ich auch über die weiteren Entwicklungen berichten.

Bis heute (Januar 2021) gibt es für diese Misere keine praktikable Lösung. Der Karren steckt im sprichwörtlichen Dreck.

Ein Tipp aber kurz schon hier: wenn es Ihnen mit vertretbarem Aufwand möglich ist, dann wechseln Sie zu Diensten und Anwendungen von Anbietern aus der EU. Ja, ich weiß, es gibt kein europäisches Microsoft Windows und Outlook, Facebook oder YouTube. Aber zu Newsletter-Tools und Cloud-Speicherdiensten gibt es beispielsweise sehr wohl europäische Alternativen. Beobachten Sie jedenfalls die weitere Entwicklung in diesem Zusammenhang.

Cyber-Attacken verhindern

Cyber-Attacken wirksam verhindern

Cyber-Kriminelle sind rund um die Uhr, 365 Tage im Jahr höchst aktiv. Unsere Daten und IT-Geräte sind also andauernd gefährdet, bei der beruflichen ebenso wie bei der privaten Nutzung. Dass im Homeoffice oftmals ein geringeres Sicherheitsniveau vorherrscht als in eher gut geschützten Büro- oder Betriebsräumlichkeiten, wissen auch Cyber-Kriminelle. Daher nutzen sie diese Situation gezielt aus, um daraus Profit zu schlagen. Grundlegendes Wissen über die Methoden, wie zum Bespiel Spam, Phishing und Social Engineering, ist daher mindestens so wichtig wie technische, organisatorische und personelle Maßnahmen. Denn der Mensch selbst ist einer der größten Risikofaktoren.

Spam- und Phishing-Mails stellen eine besondere Gefahr da. Überprüfen Sie bei ungewöhnlichen oder unerwarteten E-Mails, also Nachrichten, die zum Beispiel von unbekannten Absendern stammen oder augenscheinlich gar nichts mit Ihrem Aufgaben- oder Geschäftsbereich zu tun haben, die Absenderadresse genau. Halten Sie im Zweifel persönliche Rücksprache, beispielsweise mit der IT-Abteilung, Vorgesetzten und Kollegen. Ein kurzer Telefonanruf reicht oft schon aus, um zu klären, ob etwa Anweisungen, Dokumente im Anhang oder Zahlungsaufforderungen wirklich vom eigenen Unternehmen stammen beziehungsweise echt sind oder ein Betrugsversuch.

Geben Sie keinesfalls Login-Daten oder Passwörter bekannt. Seien sie generell misstrauisch bei Aufforderungen, die versuchen, Sie unter (Zeit-)Druck zu setzen und zu einer schnellen – unüberlegten – Handlung (zum Beispiel Überweisung, übermitteln sensibler oder vertraulicher Daten) bewegen wollen.

Was ist Cybercrime überhaupt?

Unter dem Begriff Cybercrime im engeren Sinn[4] verstehen wir kriminelle Handlungen, bei denen Angriffe auf Daten oder IT-Systeme unter Verwendung der Informations- und Kommunikationstechnik begangen werden. Die Straftaten richten sich gegen IT-Netzwerke oder gegen Endgeräte, Dienste (Anwendungen, Software) oder Daten in diesen IT-Netzwerken.

Laut Cybercrime Report 2019 des Bundeskriminalamtes gab es im Jahr 2019 exakt 28.439 begangene (und auch angezeigte) Straftaten, was gegenüber dem Vorjahr einem Anstieg von 44,9 Prozent entspricht. Von den angezeigten Straftaten konnten gut ein Drittel (35,8 Prozent) aufgeklärt werden. Die beiden häufigsten Delikte waren der widerrechtliche Zugriff auf ein Computersystem (Zunahme von 69,7 Prozent) und der betrügerische Datenverarbeitungsmissbrauch (Zunahme von 291,3 Prozent).

Gerade bei der Internetkriminalität sind die Dunkelziffern allerdings besonders hoch. Die Gründe dafür sind vielfältig. Viele Betroffene scheuen die Anzeige, teils aus Scham, Angst vor Reputationsverlust oder weil angenommen wird, dass der Fall ohnehin nicht verfolgt werden könne.

---

[4] Unter Cybercrime im weiteren Sinne werden Straftaten verstanden, bei denen Informations- und Kommunikationstechnik als Tatmittel zur Planung, Vorbereitung und Ausführung von herkömmlichen Kriminaldelikten eingesetzt wird, wie zum Beispiel Betrugsdelikte, Drogenhandel im Darknet, pornographische Darstellungen Minderjähriger im Internet, Cyber-Grooming oder Cyber-Mobbing.

Cybercrime as a Service

Wenn Sie glauben, dass hinter Cyber-Attacken stets absolute Profis und bösartige IT-Experten stecken, dann irren Sie sich. Auftraggeber von Cyber-Attacken benötigen keinerlei technisches oder kriminelles Wissen, er oder sie kauft dieses Wissen einfach im Internet. Denn genauso wie Sie (legale) Cloud-basierte Software as a Service (SaaS) oder Infrastructure as a Service (IaaS) kaufen oder mieten können, gibt es heutzutage auch (illegale) Cybercrime as a Service.

Darunter verstehen wir kriminelle Dienste und Dienstleistungen, die im Internet angeboten werden und die prinzipiell von jedem in Anspruch genommen werden können. Oft handelt es sich dabei um Hacking-Tools oder Schadsoftware, wie zum Beispiel Verschlüsselungstrojaner oder spezielle Dienstleistungen der Geldwäsche. Das Ausführen von DoS-Angriffen (Denial of Service, Attacken die zur Überlastung eines Datennetzes oder einer Internetseite führen) oder das Versenden von Spam-Mails kann im Internet ebenfalls beauftragt werden.

Mit den auch im so genannten Darknet angebotenen Diensten stiegen laut Cybercrime Report 2019 vor allem Massenerpressungsmails und gezielte Erpressungen durch Ransomware und damit verbundenen Lösegeldforderungen, zahlbar in Bitcoins.

Folgen von erfolgreichen Cyber-Attacken

Zu allererst besteht die (datenschutzrechtlich relevante) Gefahr eines Datenverlusts. Dabei sind insbesondere personenbezogene Daten relevant, denn ein so genannten „Data Breach" kann – je nach potentiellen Folgen für die betroffenen Personen – eine Meldung an die Datenschutzbehörde verlangen. Im extremsten Fall müssen zudem die Betroffenen, deren Daten verloren oder gestohlen wurden, direkt informiert werden. Solche Verstöße gegen die Datenschutzbestimmungen können von der Datenschutzbehörde sanktioniert werden – und das kann mitunter sehr teuer werden, denn der Strafrahmen gemäß DSGVO beträgt bis zu 20 Millionen Euro oder vier Prozent des weltweiten Konzernumsatzes.

Damit verbunden ist meist ein Reputationsverlust. Kunden, Kollegen und Geschäftspartner werden ganz und gar nicht begeistert sein, wenn Sie ihnen beichten müssen, dass Sie deren Daten verloren haben. Denn niemand weiß, wozu Cyber-Kriminelle diese Daten anschließend verwenden. E-Mail-Adressen können zum Versenden hunderttausender Spam-Mails verwendet werden, Ausweisdaten oder Ausweiskopien zum Eröffnen von Bankkonten, die dann beispielsweise für die Geldwäsche benutzt werden.

Meist kommt es im Zuge einer Cyber-Attacke zur Störung, wenn nicht sogar zum Stillstand des Geschäftsbetriebes. Ihre erste Aufgabe wird es sein, den Angriff abzuwehren oder die Kollegen in der IT-Abteilung zu kontaktieren. Ist Ihre IT durch den Angriff lahmgelegt, können Sie eventuell für Stunden oder Tage nicht arbeiten. Die Kommunikation steht still. Wichtige Aufgaben bleiben unerledigt. Aufträge können nicht abgewickelt werden. Rechnungen können nicht bezahlt werden (besonders unangenehm sind Zahlungen an Finanzamt oder Sozialversicherung, die nicht durchgeführt werden können). Gehälter können nicht ausbezahlt werden.

Anstatt die Arbeit zu erledigen, müssen Sie Ihre wertvolle Zeit investieren, um den Cyber-Angriff abzuwehren und gegebenenfalls schnell IT-Experten zu Rate zu ziehen. Ist die Attacke abgewehrt oder vorüber, kostet Sie das Neuinstallieren von Systemen und Geräten sowie das Wiederherstellen von Daten Zeit. Schließlich benötigen Sie Zeit, um liegengebliebene Aufgaben zu erledigen und eventuell versäumte Termine nachzuholen. Eine Cyber-Attacke, die oftmals schon mit einfachen Maßnahmen verhindert werden kann, kann Sie also sehr viel wertvolle Zeit kosten.

Und schließlich können Ihnen erhebliche Kosten entstehen, zum Beispiel für das Neuanschaffen von IT-Geräten, das Wiederherstellen von Daten, für IT-Experten, die Ihnen helfen die Attacke abzuwehren, vielleicht sogar für Strafzahlungen der Datenschutzbehörde und Lösegeldzahlungen.

Viel weniger Zeit und Geld kosten wirksame Maßnahmen zum Schutz von Daten und IT-Geräten, die Sie und Ihre Mitarbeiter vorsorglich umsetzen.

Spam

Spam-Mails, die bei uns allen tagtäglich im Posteingang landen, sind nicht nur lästig, sie können auch sehr gefährlich sein. Denn viel zu oft ist in Spam böse Schadsoftwäre versteckt. Öffnen Sie niemals E-Mail-Anhänge von unbekannten Absendern. Ebenso kann der Text von Spam-Mails Böses enthalten, zum Bespiel einen Link, der auf eine kompromittierte Internetseite führt. Der Klick auf den Link öffnet womöglich eine gefälschte Internetseite, die mit Schadsoftware infiziert ist, die sich dann auf Ihre IT-Geräte überträgt. Nachrichten im HTML-Format können zudem gefährliche Skripte enthalten, die auch ohne das Öffnen eines Anhanges Schadsoftware installieren. Lassen Sie sich E-Mails besser generell nur als reinen Text anzeigen. Nachrichten werden dann standardmäßig im Text-Format angezeigt, wodurch das optische Erscheinungsbild leidet, aber nicht der Inhalt. Nachdem Sie den Absender als vertrauenswürdig identifiziert haben, können Sie per Klick auf eine Schaltfläche jederzeit zur ansprechenderen HTML-Ansicht der E-Mail wechseln.

By the way … woher hat Spam eigentlich seinen Namen? Der Begriff Spam leitet sich von „Spiced Ham", also gewürztem Schinken, der US-amerikanischen Firma Hormel Foods ab. Dieses massenhaft produzierte Dosenfleisch war in den USA sogar während des zweiten Weltkrieges, trotz allgemeiner Rationierung, überall erhältlich. Spam taucht im Jahr 1970 auch in einem Sketch der britischen Comedy-Gruppe Monty Python auf (die vielen von Ihnen bekannt sein wird). In gerade einmal zwei Minuten kommt das Wort „Spam" (gesungen oder gesprochen) exakt 132-mal vor, und überdeckt damit jede andere Konversation. Massenhafte vorhanden und jede Kommunikation zudeckend – wie Spam-Mails in unseren Posteingängen.

Einige Anzeichen, an denen Sie Spam erkennen, sind zum Beispiel:

- Unbekannte und/oder ungewöhnliche Absender-Adresse
- Keine korrekte persönliche Ansprache, keine Signatur und kein Impressum
- Kein (gesetzliche vorgeschriebener) Abmelde-Link
- Link zu Internetseite (mit und ohne Bild) im Text
- Merkwürdiger Inhalt der Betreff-Zeile
- Auffällige Grammatik- und Rechtschreibfehler (zum Beispiel keine Umlaute)
- Mehrmaliges Empfangen derselben Spam-Mail binnen kurzer Zeit
- Kein persönlicher (privater oder beruflicher) Bezug zum Inhalt
- Zip-, Word- oder Excel-Dateien im Anhang

Der beste Schutz vor Spam sind gesunde Skepsis und Ihr klarer Hausverstand. Wenn Sie keine offenen Rechnungen haben, kann die Zahlungsaufforderung nicht echt sein. Wenn Sie auf keine bestellte Ware warten, kann die Versandinformation nicht der Wahrheit entsprechen. Wenn Sie kein Konto bei der Bank XY haben, dann ist die Nachricht, die augenscheinlich von dieser Bank kommt, gefälscht. Wenn Ihnen keine Todesfälle im privaten Umfeld bekannt sind, dann ist es sehr unwahrscheinlich, dass man Ihnen eine große Erbschaft ankündigt. Wenn Sie nicht an einem Gewinnspiel teilgenommen haben, dann wird Sie niemand über einen Millionengewinn benachrichtigen.

Öffnen Sie niemals den Anhang einer dubiosen E-Mail. Klicken Sie nicht auf Bilder in der Spam-Mail, denn auch Bilder können bösartigen Code enthalten. Niemals sollten Sie der Aufforderung zur

Eingabe persönlicher Daten nachkommen, auch dann nicht, wenn sie vermeintlich von Behörden kommt oder Ihnen Mahn- und Strafzahlungen angedroht werden. Beantworten Sie keine Spam-verdächtigen Mails. Genau dadurch erkennt der Spamer, dass Ihre E-Mail-Adresse echt ist – und dann bekommen Sie erst recht eine Flut von Spam-Mails. Um die Menge an Spam-Mals einzudämmen, können Sie den Spam-Schutz Ihrer E-Mail-Anwendung aktivieren. Das hilft zwar oft nicht viel, ist aber besser als nichts.

Spam tritt nicht nur in Form von unerwünschten E-Mails auf. Spam kann auch als SMS, Fax, Messenger-Nachricht oder Telefonanruf bei Ihnen eintreffen. Wobei unerwünschte Telefonanrufe, bei denen Anrufer oft versuchen Ihnen irgendetwas aufzuschwatzen (zum Beispiel Wertpapiere oder Zeitschriften-Abos) eher als verbotenes „Cold Calling“ bezeichnet werden.

Klassischer Internetbetrug

Mit wachsender Digitalisierung verlagern sich Betrugsdelikte immer mehr ins Internet. Das Internet dient dabei als Werkzeug zur Begehung dieser Taten, denn es bietet für die Täter die Möglichkeit, mit der Anonymität und der weltweiten Vernetzung einfach und weitgehend unerkannt eine große Anzahl von potentiellen Opfern zu kontaktieren.

Beispiele für Internetbetrug sind Anlagebetrug, Gewinn- oder Spendenversprechen in E-Mails oder das Vortäuschen von Liebesbeziehungen und lukrativen Geschäftsideen, wie der Finanz-Online-Betrug oder der allgemeine Anlagebetrug unter Einbindung von Krypto-Währungen oder das Anbieten vermeintlich technischer Unterstützung, der so genannte „Tech Support-Scam“ oder „Microsoft-Betrug“. Dabei verwenden die Täter unter anderem gehackte Profile in sozialen Medien. Auch gefakte Webshops werden für kriminelle Handlungen genutzt. Bestellbetrug und vorgetäuschte Warenlieferungen, vorwiegend im Technik- und Bekleidungsbereich, sind ein immer größer werdendes Problem für die Strafverfolgungsbehörden (und die geschädigten Händler). In der Regel handelt es sich bei all diesen Betrugsversuchen um Massendelikte, der Angriff gilt also nicht nur Ihnen alleine, sondern vielen (hundert-)tausend potentiellen Opfern gleichzeitig.

In meinen Vorträgen stellen sich die Zuhörer oftmals die Frage, wer denn auf die (immer professioneller werdenden, aber nach wie vor oft) dummdreisten Gewinnversprechen oder in Aussicht gestellten Spenden hereinfällt, noch dazu wo diese Betrugsversuche mittlerweile eine bekannte Masche von Kriminellen sind. Die Antwort ist so einfach wie entlarvend: im Verhältnis zur Masse an verschickten Betrugsnachrichten fallen natürlich nur wenige Empfänger (vielleicht nur 0,1 Prozent) auf den Betrug herein, aber das sind ausreichend viele, damit sich der massenhafte Betrugsversuch für den oder die Täter lohnt. Die Masche funktioniert einfach. Nicht umsonst gilt der Mensch als einer der größten Risikofaktoren.

Seien Sie achtsam und stets skeptisch, damit Sie nicht zu einem Opfer von Internetbetrug werden.

Ransomware

Ransomware bezeichnet eine spezielle Art von Schadprogrammen, die den Zugriff auf IT-Systeme einschränken oder unterbinden, oder gespeicherte Daten verschlüsseln. Für das Freigeben oder Entschlüsseln fordern die Täter dann ein mehr oder weniger hohes Lösegeld (englisch: Ransom), welches oftmals in der Krypto-Währung Bitcoin bezahlt werden soll. Selbst wenn Sie der Lösegeldforderung nachkommen, haben Sie keine Garantie dafür, dass die Cyber-Kriminellen die IT-Systeme tatsächlich wieder freigeben oder Daten entschlüsseln. Sie können nur hoffen beziehungsweise den Tätern „vertrauen".

Sogar für das Problem, dass viele Opfer gar nicht wissen wie sie Zahlungen in Krypto-Währungen durchführen, haben die Täter eine

Lösung: sie stellen Anleitungen in verschiedensten Sprachen zur Verfügung. Mit manchen Hacker-Gruppierungen können via Live-Chat sogar Verhandlungen, zum Beispiel über die Höhe des Lösegeldes, geführt werden.

Datenschutzexperten empfehlen kein Lösegeld zu bezahlen und stattdessen unverzüglich Anzeige bei der Polizei zu erstatten. Aber gegen wen? Die Täter sitzen irgendwo weit entfernt, Russland oder Asien zum Beispiel, und werden Ihnen ihre wahre Identität sicherlich nicht in der Ransom-verseuchten E-Mail mitsenden. Eine Anzeige gegen „unbekannt“ entsperrt weder Ihre IT-Systeme noch entschlüsselt sie Ihre Daten. In den allermeisten Fällen, das zeigt leider die Praxis, führt eine Anzeige zu gar nichts. Cyber-Kriminelle sind sehr schwer zu verfolgen und zur Rechenschaft zu ziehen. Viel hilfreicher in so einer Situation sind regelmäßig erstellte Sicherungskopien. Im Falle eines Angriffs lassen sich damit Datenbestände auch ohne Lösegeldzahlung wiederherstellen.

Als potentielle Gefahren für eine Infektion mit Ransomware gelten E-Mails mit schädlichem Dateianhang, oder E-Mails mit Links, über die Schadsoftware oder Verschlüsselungssoftware unbemerkt nachgeladen wird. Fernzugriffe, beispielsweise zur Software-Wartung von IT-Komponenten, sind ebenfalls potentielle Einfallstore für Ransomware.

Eine der bekanntesten und weitreichendsten Ransomware-Wellen schaffte es im Mai 2017 in die Schlagzeilen. In nur drei Tagen verschlüsselte das Schadprogramm „WannaCry“ in über 150 Ländern der Welt Daten auf mehr als 200.000 Windows-Rechnern. „WannaCry“ nutzte eine Sicherheitslücke im Betriebssystem Windows aus, um sich selbständig ohne Zutun der Nutzer auf immer mehr IT-Systemen zu verbreiten. Insgesamt befiel das Programm vermutlich mehrere Millionen Rechner. Acht Wochen nach der Angriffswelle stellte Microsoft ein Sicherheits-Update für Windows zur Verfügung, das die Sicherheitslücke schließen konnte. An diesem Beispiel zeigt sich wie wichtig es ist, Updates und Patches zeitnahe zu installieren, um bestmöglich geschützt zu sein.

Attacken mit Ransomware finden aber auch im kleinen Rahmen statt. Vor einigen Monaten landeten in meinem Posteingang immer wieder E-Mails mit einer „Bewerbung auf die ausgeschriebene Stelle". Nachdem ich keine offene Stelle ausgeschrieben hatte, konnte es sich nur um eine hinterlistige Attacke handeln. Also löschte ich die Nachricht und der Angriff war abgewehrt.

Weniger offensichtlich ist so eine als Bewerbung getarnte Attacke aber dann, wenn Sie tatsächlich einen neuen Mitarbeiter suchen. So erging es einem Geschäftspartner von mir. Im guten Glauben, dass sich jemand ernsthaft für die ausgeschriebene Position bewirbt, öffnete er den Lebenslauf im Anhang, ein WORD-Dokument. Und schon war es passiert, der Bildschirm des Laptops wurde schwarz, nichts funktionierte mehr. Glücklicher Weise war nur dieses eine Endgerät betroffen, welches komplett neu aufgesetzt wurde. Dank einer umfassenden und aktuellen Datensicherung konnten alle Daten zurückgespielt werden. Das bewahrte meinen Geschäftspartner vor einer Lösegeldzahlung. Ein ganzer Arbeitstag war aber dennoch verloren.

Phishing

Spam ist nicht nur lästig und verstopft den Posteingang, sondern dient auch zum Anbahnen von Betrugsversuchen. Spam kann Ihre Endgeräte mit einem Schadprogramm zum Ausspionieren persönlicher Daten, Passwörter und Login-Daten infizieren. Solche Spam-Mails werden Phishing genannt, einer Wortkreation, die sich aus „password" und „fishing" (deutsch: fischen) zusammensetzt.

Das Fischen nach Passwörtern hört sich harmloser an, als es in der Realität tatsächlich ist. Denn Phishing steht am Anfang verschiedenartiger Delikte, die vom „einfachen" Datendiebstahl über illegale Kontoabbuchungen bis hin zu Angriffen auf kritische (IT-)Infrastrukturen reicht. Sogar Kraftwerke von Energieversorgern und

Industrieanlagen wurden schon erfolgreich angegriffen und infiziert.

Eine Sonderform ist das so genannte Spear-Phishing, das sich gezielt gegen bestimmte Firmen (eventuell auch gegen Ihre) oder Organisationen richtet. Der Aufwand, den Cyber-Kriminelle betreiben, ist oft beträchtlich, deshalb können solche Spear-Phishing-Attacken sehr professionell und authentisch aussehen. Oftmals sind solche Attacken der Auftakt zu einer ganzen Angriffskette, welche Finanzbetrug oder das Ausspionieren von Geschäftsgeheimnissen zum Ziel haben.

Ping-Anrufe

Ping-Anrufe sind Anrufe, die Sie oft aus osteuropäischen (zum Beispiel der Slowakei mit der internationalen Vorwahl +421) oder afrikanischen Ländern (zum Beispiel aus Tunesien mit der Vorwahl +216) erhalten und die nach nur einmaligem Klingeln (englisch: ping) abgebrochen werden. Die Ping-Rufnummer wird am Telefon im Rufnummern- beziehungsweise Anrufverlauf angezeigt. Das soll den Angerufenen dazu verleiten, diese Telefonnummer zurückzurufen. Tut er das, dann landet er bei einer kostenpflichtigen Hotline oder in einer Warteschlange – und tappt in die Kostenfalle. Denn ein Anruf bei so einer teuren ausländischen Telefonnummer kann mehrere Euro pro Minute kosten.

Was haben die Zurückgerufenen davon? Sie verdienen Geld damit, dass sie bei den hohen Telefonkosten des ausländischen Telefonnetzbetreibers mitschneiden. Dazu haben die Täter entsprechende Vereinbarungen mit den ausländischen Netzbetreibern abgeschlossen. Dagegen rechtlich vorzugehen, ist ein schwieriges und in der Regel aussichtsloses Unterfangen.

Ignorieren Sie Ping-Anrufe also konsequent. Wenn es sich tatsächlich um einen echten Anruf gehandelt hat, dann hinterlässt der

Anrufer eine Nachricht auf Ihrer Mobilbox oder ruft später erneut an.

Gerade Selbständige, deren Kontaktdaten und Telefonnummern an vielen Stellen im Internet veröffentlicht sind (unter anderem zum Erfüllen gesetzlicher Informationspflichten), sind bei Tätern beliebte Ziele. Smartphones bieten aber zumeist die Möglichkeit, Rufnummern zu blockieren. Damit können Sie erneute Anrufe - allerdings nur von dieser einen konkreten Telefonnummer - verhindern.

Social Engineering

Eine besonders ausgefeilte Methode von Cybercrime und Phishing ist das Social Engineering (frei übersetzt ins Deutsche etwa „soziale Manipulation"). Dabei appellieren Cyber-Kriminelle an zutiefst menschliche Eigenschaften, wie beispielsweise Hilfsbereitschaft, Vertrauen, Angst oder Respekt vor Autorität, und es wird versucht, Personen geschickt zu manipulieren und zu unüberlegten Handlungen zu motivieren. Angreifer verleiten Opfer beispielsweise dazu, vertrauliche Informationen preiszugeben, Sicherheitsfunktionen zu umgehen, Überweisungen zu tätigen oder Schadsoftware auf einem IT-Gerät zu installieren. Die Angriffe erfolgen beim Social Engineering nicht ausschließlich per E-Mail, sämtliche Kommunikationskanäle (auch Telefon, Fax, Messenger-Dienste, sogar persönlich) können zum Einsatz kommen.

Bei Social Engineering-Attacken geben sich Angreifer zum Beispiel als Techniker eines externen Dienstleisters wie PayPal, Microsoft oder eines Mobilfunkbetreibers aus, um das Opfer zum Preisgeben von Anmelde- oder Kontoinformationen oder betriebsinterner Daten zu verleiten. Ein klassisches Beispiel ist der angebliche Systemadministrator, der Mitarbeiter anruft, weil es ein dringendes IT-Problem zu überprüfen oder zu beheben gibt. Dazu soll das Opfer sein Passwort bekannt geben. Im guten Glauben fällt das Opfer dann auf die Täuschung herein.

Woher bekommen Cyber-Kriminelle die Informationen, um Opfer zu täuschen? Zum Beispiel von der unternehmenseigenen Internetseite, auf der Kontaktdaten, Hierarchien, Organigramme, Geschäftsbereiche und Führungspersonen veröffentlicht werden. Auch Information aus sozialen Medien nutzen die Täter. So können gepostete Urlaubsfotos auf Abwesenheiten von Schlüsselpersonen hindeuten. Überlegen Sie sich also genau, welche persönlichen Informationen Sie in sozialen Medien wie Facebook, Instagram, Twitter & Co. veröffentlichen. Geben Sie in privaten und beruflichen sozialen Netzwerken keine vertraulichen Informationen über Ihren Arbeitgeber und Ihre Arbeit preis. Aber auch zu umfangreiche, automatisch versendete Abwesenheitsnotizen verraten viel. All diesen gesammelten Informationen können Cyber-Kriminelle nutzen, um ihre Angriffe gezielter auszurichten. Mitunter bauen Täter sogar persönliche Beziehungen zum potentiellen Opfer auf.

Für Aufsehen hat vor einigen Jahren der Social Engineering-Angriff, ein so genannter CEO-Fraud (deutsch: Chef-Betrug), auf einen österreichischen Flugzeugzulieferer gesorgt. Vermutlich haben die Täter das Unternehmen bereits Wochen vor dem eigentlichen Angriff mit Schadprogrammen infiltriert und ausgespäht. Wer kommuniziert wie mit wem? Welche Projekte sind gerade aktuell? Wer verfügt über welche Rechte? Wer darf worüber entscheiden? Das gesammelte Wissen nutzen die Täter, um eine Schlüsselperson des Unternehmens zu einer elektronischen Zahlung von fünfzig (!) Millionen Euro zu bewegen. Ein enormer Schaden, auch für ein großes Unternehmen.

Apropos Chef … Führungskräfte zählen generell zu beliebten Zielen von Cyber-Kriminellen. Denn in der Regel verfügen Vorstände, Geschäftsführer, Abteilungsleiter usw. über weitreichende Rechte innerhalb des Unternehmens und womöglich der IT-Landschaft. Umgekehrt proportional zu deren umfassenden Rechten verhalten sich oft die persönlich umgesetzten Maßnahmen zu Datenschutz und IT-Sicherheit. Gerade Personen beziehungsweise deren Accounts, die viele Rechte auf sich vereinen, aber gleichzeitig (zum

Beispiel wegen fehlender Zeit oder mangelndem Interesse) viel zu sorglos mit Daten und IT-Geräten umgehen, sind bevorzugte Ziele von Angreifern. CEO-Frauds sind nicht umsonst eine eigene Angriffskategorie.

Identitätsdiebstahl

Beim Identitätsdiebstahl nutzen Cyber-Kriminelle im Rahmen von Social Engineering typische Verhaltensmuster wie Höflichkeit, Hilfsbereitschaft, Neugierde oder Kaufverhalten, um persönliche oder sensible Informationen (bis hin zu Ausweisdaten und Ausweiskopien) zu erschleichen. Mit diesen Informationen stehlen die Täter quasi die Online-Identität des Opfers und geben sich gegenüber anderen als die Person des Opfers aus. Kriminelle tätigen dann auf Kosten der Opfer Einkäufe, eröffnen bei Dienstleistern Accounts im Namen der Opfer (zum Beispiel in sozialen Medien oder Webshops) oder eröffnen Bankkonten, die unter anderem der Geldwäsche dienen sollen. Auch Mobbing-Kampagnen können damit einhergehen. Rufschädigung ist eine weitere Gefahr von erfolgreichen Identitätsdiebstählen.

Persönliche Daten, die Sie beim Nutzen des Internets an viele Empfänger übertragen, sind für Cyber-Kriminelle daher überaus interessant. Kreditkartendaten, mit denen Sie Einkäufe bezahlen oder Hotelzimmer buchen, Kontonummern, Ausweisdaten, Profilbilder und viele weitere Informationen sind für Kriminelle sehr wertvolle Daten. Ebenso sind Sozialversicherungsnummern, Postadressen, Geburtsdaten und Telefonnummern bei Tätern heiß begehrt.

Problematisch, insbesondere bei selbständigen Unternehmern oder Freiberuflern, ist, dass sehr viel persönliche Informationen auf Grund gesetzlicher Informations- und Impressumpflichten frei zugänglich veröffentlicht werden müssen. Denken Sie nur an das Impressum auf jeder Internetseite, dort finden sich nicht nur Name und Gewerbestandort des Selbständigen, sondern auch UID-Nummer,

GISA-Nummer (Registrierungsnummer im Gewerberegister) und manchmal sogar Kontoverbindungen. Das Gewerbeinformationssystem Austria, kurz GISA, sowie das „Firmen A-Z" der Wirtschaftskammer Österreich sind beispielsweise öffentlich einsehbar, auch für Kriminelle. Dort findet sich eine Fülle an persönlichen Informationen, die sich leider ausgezeichnet für Identitätsdiebstahl verwenden lassen. Und das geschieht. Mir sind einige Fälle von Identitätsdiebstahl bekannt, deren Ursprung wohl genau diese öffentlich zugänglichen Datenbanken sind.

Es muss gar nicht sein, dass der Täter die erbeuteten Informationen selbst zweckentfremdet, solche persönlichen Daten werden oftmals gesammelt (zum Beispiel indem ganze Datenbanken gehackt werden) und dann um mehr oder weniger viel Geld an andere Kriminelle weiterverkauft. Im Darknet ist Berichten zufolge ein Kreditkarten-Datensatz schon um wenige Euro-Cent zu haben, Ausweisdaten oder gute Ausweiskopien sind angeblich bis zu zwanzig Euro wert.

Identitätsdiebstahl können Sie mit Hausverstand und Wachsamkeit vorbeugen. Oftmals versteckt sich der Versuch Ihre Identität zu stehlen in Spam-Mails. Beispielsweise wenn Sie eine Nachricht von einer bekannten Bank erhalten (unabhängig davon, ob Sie bei dieser Bank überhaupt ein Konto haben, oder nicht) oder von einer Einkaufsplattform. Auch Gewinnversprechen und Jobangebote, mit denen Sie angeblich ein paar hundert Euro täglich verdienen können, dienen letztendlich oft dem Identitätsdiebstahl.

Viele Betroffene erkennen erst nach Tagen oder Wochen, dass sie Opfer eines Identitätsdiebstahls geworden sind. Denn Rechnungen oder Mahnungen für Waren, die im Namen des Opfers gekauft wurden, treffen erst mit Verzögerung ein. Immer wieder kommt es vor, dass Opfer von Freunden darauf aufmerksam gemacht werden, dass irgendetwas - zum Beispiel in sozialen Medien - einfach nicht stimmen kann.

Haben Sie, mit oder ohne Anzeichen, den Verdacht, dass Ihre Identität gestohlen wurde, dann ändern Sie vorsorglich sämtliche

Passwörter und Login-Daten – auch von Accounts, die offensichtlich nicht betroffen sind. Informieren Sie den jeweiligen Anbieter über den Missbrauch und lassen Sie Accounts (oder Kreditkarten) sperren. Teilen Sie Ihren Freunden und gegebenenfalls Geschäftspartnern mit, dass Ihre Identität unrechtmäßig benutzt wird. Und behalten Sie Ihre Kontobewegungen hinsichtlich Abbuchungen im Auge.

Cyber-Attacken werden immer trickreicher

Cyber-Attacken können auch über den Umweg Ihrer Kommunikationspartner den Weg zu Ihnen finden. Wenn es Cyber-Kriminellen zum Beispiel gelingt, den Mail-Server oder Mail-Account eines Ihrer Geschäftspartner, Kollegen, Lieferanten oder Kunden zu hacken, dann finden die Täter dort Kontaktdaten und E-Mail-Inhalte von Ihnen. Zum Beispiel die Schadsoftware „Emotet" versendet auf Basis solcher Nachrichten und Informationen gefälschte E-Mails an Kommunikationspartner. Bei Ihnen im Posteingang landet dann die E-Mail eines bekannten Absenders, der Sie auf den ersten Blick wohl vertrauen. Inhalt oder Anhang können dennoch gefährliche Schadsoftwäre enthalten.

Genauso ist es einem Bekannten von mir passiert. Er bekam von einem Lieferanten, bei dem er laufend Kleinmaterial bestellt, eine E-Mail mit der Betreff-Zeile „Gutschrift". Im Text der Nachricht entschuldigte sich der Lieferant dafür, dass er bei der letzten Rechnung einen Fehler gemacht hat und daher im Anhang eine Gutschrift für den zu viel verrechneten Betrag schickt. „Wann habe ich denn zuletzt bei diesem Lieferanten etwas bestellt?", fragte sich mein Bekannter, und scrollte im Verlauf der empfangenen E-Mail nach unten. Dort fand er tatsächlich seine eigene, vier Wochen alte E-Mail mit der letzten Bestellung. „Das ist aber sehr nett von diesem Lieferanten, dass er den Fehler in der Rechnung bemerkt und gleich korrigiert hat.", dachte sich mein Bekannter – und öffnete mit einem Doppelklick die vermeintliche Gutschrift im Anhang. Sekundenbruchteile später war sein Bildschirm schwarz und nichts ging mehr.

Der Anhang enthielt eine Schadsoftware – möglicherweise Ransomware, mit der Lösegeld erpresst werden sollte – die sich beim Öffnen des Dokuments aktivierte und blitzschnell den Laptop meines Bekannten lahmlegte.

Ransomware kann zudem weitere Schadsoftware nachladen, wie beispielsweise Trojaner, die noch mehr Schaden anrichten. So rasch als möglich das Netzwerkkabel zu ziehen beziehungsweise den Rechner vom Internet zu trennen, ist daher eine gute Sofortmaßnahme, um den potentiellen Schaden zu begrenzen.

Was war passiert? Der Mail-Server des Lieferanten war von Cyber-Kriminellen angegriffen worden. Darauf fanden die Täter hunderte E-Mails von echten Kunden, an die wahllos falsche Nachrichten mit vermeintlichen Gutschriften verschickt wurden. Eine davon landete bei meinem Bekannten im Posteingang.

Der Schaden meines Bekannten hielt sich in Grenzen. Er bezahlte kein Lösegeld, sondern löschte alle Daten auf seinem Laptop und setzte ihn gänzlich neu auf. Bei einzelnen Geräten, wenn also nicht ein Netzwerk betroffen ist, ist das eine vergleichsweise einfach Rettungsaktion. In dieser Situation bewährten sich die regelmäßig erstellten Sicherungskopien sämtlicher Daten, die nach dem Neuaufsetzen des Laptops einfach wieder zurückgespielt werden konnten. Alles zeitaufwendig und durchaus mühsam, aber wenigstens kein großes Drama.

Was lernen wir aus dieser kleinen Anekdote? Erstens, dass es im Alltag auch darauf ankommt, wie viel Augenmerk unsere Kommunikationspartner auf Datenschutz und IT-Sicherheit legen. Und zweitens, wie extrem wichtig im Fall der Fälle Sicherungskopien unserer Daten sind.

Bei mir selbst landete vor wenigen Tagen eine verdächtige E-Mail des Betreibers eines Freizeitparks im privaten Posteingang. Man schickte mir nachträglich im Anhang die Rechnung für eine im vorangegangenen Sommer privat in Anspruch genommene Leistung. „Jetzt? Mit mehreren Monaten Verspätung?", dachte ich mir. Nachdem mein Outlook so konfiguriert ist, dass mir nicht nur der Alias-

Name des Absenders angezeigt wird, sondern die sich dahin verbergende E-Mail-Adresse (was ich auch Ihnen empfehlen kann), konnte ich sofort erkennen, dass diese „komische" E-Mail-Adresse niemals zu diesem Freizeitpark-Betreiber gehören kann. Eine Signatur fehlte, die zeitliche Verzögerung passte nicht, im Verlauf fand sich eine nur sehr unvollständige ursprüngliche Nachricht. Also habe ich die E-Mail gelöscht – natürlich ohne die Rechnung im Anhang zu öffnen, in der sich wohl Schadsoftware versteckt hat.

Schon am Tag darauf kam eine echte Nachricht vom Betreiber des Freizeitparks, in der er in großen Lettern davor warnte, dass gefälschte E-Mails im Umlauf sind und diese keinesfalls geöffnet werden sollen. Nett, aber für viele Empfänger der gefälschten E-Mails wohl zu spät. Genau genommen muss sich der Freizeitpark-Betreiber in so einem Fall fragen, ob er angesichts dieser Datenschutzverletzung eine Meldung an die Datenschutzbehörde machen muss, weil es zur Verletzung des Schutzes personenbezogener Daten gekommen ist, die – durch den Versand der gefälschten E-Mails – zu einem Risiko für betroffene Personen geführt hat.

Fazit: bleiben Sie wachsam bei allem was in Ihrem Posteingang landet! Schon ein einziger unbedachter Klick kann zur Katastrophe führen.

Richtig kommunizieren

Richtig kommunizieren

Eine der größten Herausforderungen beim Arbeiten im Homeoffice, für Arbeitnehmer ebenso wie für Selbständige, ist das richtige kommunizieren ohne persönlichen Kontakt zu Kollegen, Kunden und Geschäftspartnern. Ebenso werden an das Kommunizieren innerhalb einer Abteilung oder eines Teams andere Anforderungen gestellt. Es macht, insbesondere auf Dauer, einen wesentlichen Unterschied, ob Informationen und Neuigkeiten wie gewohnt persönlich oder per E-Mail und Telefon ausgetauscht werden.

Das beginnt bereits beim kurzen Tratsch an der Kaffeemaschine oder zwischen Kollegen, die ihren Schreibtisch nebeneinanderstehen haben. Ebenso fällt im Homeoffice das gemeinsame, oft abteilungsübergreifende Mittagessen in der Betriebskantine oder im nahen Restaurant weg. Dabei geht es ja nicht immer nur um Privates und Zwischenmenschliches, sondern auch um laufende Projekte und den Austausch von Ideen. All diesen spontanen und persönlichen Treffen fallen weg, wenn alle oder viele Mitarbeiter und Kollegen von Zuhause aus arbeiten.

Ohne regelmäßigen persönlichen Kontakt haben Missverständnisse eventuell länger Bestand als es sein müsste, oder gut ist. Beim persönlichen Kontakt unter vier Augen lassen sich solche Störfaktoren viel einfacher und schneller klären als vom Homeoffice aus.

Nicht umsonst heißt es trotz aller modernen Technik und Kommunikationsmittel nach wie vor: „It´s people´s business". Die allermeisten Entscheidungen und Arbeiten werden auch heute – und hoffentlich noch sehr lange – von Menschen getroffen, persönlich erledigt, organisiert oder in Auftrag gegeben. Ich kenne kein nachhaltig erfolgreiches Geschäftsmodell, das gänzlich ohne die Zusammenarbeit von Menschen aus Fleisch und Blut funktioniert. Und wo Menschen aufeinandertreffen, menschelt es nun mal eben.

Auf Führungskräfte kommen beim räumlich getrennten Arbeiten ganz besondere Herausforderungen zu. Sie haben ja nicht nur eigene Aufgaben und Arbeitsschritte zu erfüllen und zu erledigen, Sie müssen auch Unternehmen, Abteilungen und Teams führen, kontrollieren und natürlich motivieren. Immer wieder nehmen Führungskräfte darüber hinaus die Rolle eines Mediators ein, zum Beispiel bei Unstimmigkeiten und Konflikten, was aus der Ferne deutlich schwieriger zu meistern ist als persönlich.

Alle hier im Folgenden genannten Tipps habe ich in einer kompakten Übersicht zusammengefasst, die Sie zum Download auf meiner Internetseite unter www.andreasdolezal.at/homeoffice finden.

Richtig kommunizieren aus der Ferne, ohne persönlichen Kontakt will gelernt sein. Zudem eignet sich nicht jedes Kommunikationstool, von denen es heutzutage viel mehr als nur E-Mail und Telefon gibt, für jede Art des Informationstransfers. Ebenso ist ein Wildwuchs an verschiedenen Kommunikationsmitteln hinderlich für die eigene Übersicht und Produktivität.

Führungskräfte tragen (noch mehr) Verantwortung

Führungskräfte, also beispielsweise Unternehmenseigentümer, Geschäftsführer, Vorstände, Abteilungs- und Teamleiter, müssen aus der Ferne oder aus dem Homeoffice ebenso klar und deutlich wie einfühlsam kommunizieren.

Bevor Mitarbeiter oder Teammitglieder ins Homeoffice übersiedeln, sollte klar kommuniziert werden welche Erwartungen an sie gestellt werden, beispielswiese im Hinblick auf Arbeitszeit (und deren Aufzeichnung im Homeoffice) und Arbeitsleistung sowie Erreichbarkeit. Das erleichtert den Mitarbeitern im Homeoffice auch deren eigene private Zeit- und Terminplanung, von Arztbesuchen über Kinder aus der Schule abholen bis zum Tennis spielen.

Vorab sollte mitgeteilt werden, was der Arbeitgeber für das Arbeiten im Homeoffice zur Verfügung stellt (zum Beispiel Laptop, Bildschirm und Smartphone) und wofür ein Kostenersatz geleistet wird (etwa für Internet- oder Telefonkosten, aber auch Einrichtungsgegenstände wie einen Bürostuhl). Geben Sie als Chef solche Informationen vorsorglich bekannt, bevor Ihre Mitarbeiter darüber zu tuscheln beginnen. Seien Sie als Chef so transparent und entgegenkommend wie möglich.

Eine umfassende Homeoffice-Richtlinie, die auf Vertrauen und Wertschätzung basiert, stellt eine gute Basis dar, an der sich Mitarbeiter orientieren können. Lassen Sie sich als Führungskraft Raum, um Details mit dem Team zu besprechen und gemeinsam mit diesem festzulegen. Obwohl es natürlich die Aufgabe von Führungskräften ist, klare Strukturen zu schaffen, ist es manchmal kontraproduktiv und kann Widerstände schüren, wenn alles von höchster Ebene vorgegeben wird. Binden Sie Ihre Mitarbeiter daher ein, sie wissen oftmals besser wie es im Alltag tatsächlich (besser) läuft. Wenn einzelne Mitarbeiter das entgegengebrachte Vertrauen nicht erwidern, sondern im Gegenteil sogar ausnutzen, muss es aber auch angemessene Konsequenzen geben.

Führungskräfte sollten sich darüber im Klaren sein, dass nicht jeder Mitarbeiter auf das Arbeiten von Zuhause aus eingerichtet ist, sowohl von der Ausstattung her als auch hinsichtlich der Möglichkeit ungestört arbeiten zu können. Es macht einen riesigen Unterschied, ob ein alleinlebender Single im Homeoffice arbeitet, oder ein Familienvater mit drei Kindern im Alter von zwei, vier und sechs Jahren. Hier müssen gegebenenfalls individuelle Lösungen besprochen und gefunden werden.

Dazu kommt, dass Homeoffice für viele Mitarbeiter eine gänzlich neue Situation darstellt, mit der sie erst lernen müssen umzugehen. Es mag Mitarbeiter geben, die ihre gesamte Eigenmotivation eines Tages schon damit aufbrauchen, dass sie aufstehen und ins Büro kommen - und dann darauf warten, dass ihnen Aufgaben explizit aufgetragen werden. Im Homeoffice warten solche Mitarbeiter aber vergeblich darauf. Nicht alle Mitarbeiter sind entsprechend eigenmotiviert sowie in der Lage, sich ihre Arbeit selbst zu organisieren und zu priorisieren.

Das muss nicht heißen, dass diese Mitarbeiter im Homeoffice generell nur faulenzen und die (Arbeits-)Zeit totschlagen. Sie sind es vielleicht nur nicht gewöhnt, ohne das explizite Übertragen von Aufgaben und laufende (persönliche) Kontrolle zu arbeiten. Ein ehemaliger Kollege von mir war genauso ein Typ Mensch. Ohne klare Aufgabe torkelte er quasi orientierungslos durch den Arbeitstag. Gab man ihm aber eine konkrete Aufgabe, war er der fleißigste Kollege im Team.

Für die Teamarbeit im Homeoffice müssen technische Voraussetzungen geschaffen werden. Mitarbeiter nehmen nicht mehr persönlich an Meetings teil, sondern online, Dokumente müssen so zentral (und sicher) gespeichert werden, dass alle oder nur ausgewählte Teammitglieder darauf zugreifen können und kein Wildwuchs verschiedenen Versionen entsteht. Weiters sollte festgelegt werden, wie häufig, worüber und über welchen Kanal (Telefon, E-Mail, Video-Konferenz, Chat) kommuniziert wird. Hier kommt dem Teamleiter eine zentrale Rolle zu.

Eine Gefahr stellt das Misstrauen im eigenen Team beziehungsweise unter den eigenen Mitarbeitern dar, zum Beispiel weil diese das Gefühl haben, kontrolliert zu werden. Misstrauen und zwischenmenschliche Unstimmigkeiten, die aus unterschiedlichsten Gründen entstehen, können dazu führen, dass Führungskräfte plötzlich und unvorhergesehen als Mediator aktiv werden müssen. Gleichzeitig bleiben womöglich deren eigene Aufgaben unerledigt, was eine Kettenreaktion auslösen kann, weil dadurch andere Mitarbeiter möglicherweise auf Informationen oder Entscheidungen warten müssen.

Missverständnis, Misstrauen und Unstimmigkeiten müssen möglichst rasch (bevor sich ein „Flächenbrand" unter den Mitarbeitern ausbreitet) beseitigt, sprich mit den betroffenen Personen besprochen und geklärt werden. Dabei kommt es unter anderem auf die soziale Kompetenz der Führungskraft oder des Teamleiters an.

Halten Sie Ihren Chef am Laufenden

In vielen Unternehmen haben die Mitarbeiter untereinander – auch zum Vorgesetzten oder Teamleiter – täglich persönlichen Kontakt. Sei es beim Guten-Morgen-Meeting, dem kurzen Informationsaustausch beim Kaffee holen oder weil der Chef regelmäßig am Schreibtisch vorbeikommt und sich nach Neuigkeiten oder Arbeitsfortschritte erkundigt. Im Homeoffice sind Mitarbeiter jedoch weit entfernt von ihrem Vorgesetzten oder Teamleiter.

Das hat auf Seiten des Chefs zwei Effekte: erstens ist der Vorgesetzte nicht mehr jederzeit auf dem aktuellsten Stand der Dinge, etwa im Zusammenhang mit einzelnen Aufgaben oder dem Fortschritt von Projekten. Zweitens sehen Vorgesetzte ihre Mitarbeiter nicht mehr fleißig am Schreibtisch sitzen und konzentriert arbeiten. Bleiben Mitarbeiter tagelang oder noch länger stumm und für den Chef unsichtbar im Homeoffice, kann eventuell der Eindruck entstehen, dass wenig bis gar nichts gearbeitet wird. Was natürlich ganz und gar nicht der Fall ist.

Halten Sie Ihren Vorgesetzten oder Teamleiter daher am Laufenden. Lassen Sie ihr oder ihm kurze Updates zukommen, unabhängig davon, ob explizit danach gefragt wird, oder nicht. Oder vereinbaren Sie einen fixen, wöchentlichen Conference-Call, um kurz von den Fortschritten bei Ihrer Arbeit zu berichten. Aber übertreiben Sie es nicht mit der Informationsflut. Kurz und knapp, in angemessener Häufigkeit. Ihr Gefühl für die sprichwörtlich Goldene Mitte ist hier gefragt.

Umgekehrt sollten Führungskräfte und Teamleiter darauf achten, auf dem Laufenden zu sein und zu bleiben. Sich ab und zu oder zu einem vereinbarten Zeitpunkt mit jedem Teammitglied einzeln oder mit allen gemeinsam auszutauschen (per Telefon oder Video-Konferenz), ist sowohl arbeitstechnisch als auch zwischenmenschlich wichtig.

Ohne sichtbares Gegenüber kommunizieren

Anders als im Büro unter Kollegen oder bei persönlichen Treffen mit Kunden und Geschäftspartnern sind Sie im Homeoffice für Ihre Gesprächspartner unsichtbar. Sie sehen nicht, ob der Kommunikationspartner gerade konzentriert arbeitet und ihn ein Anruf aus seiner Konzentration herausreißt. Sie wissen zudem nicht, ob Ihr Gesprächspartner heute vielleicht mit dem falschen Fuß zuerst aufgestanden und daher schlecht gelaunt ist.

Ihnen fehlt bei der Kommunikation – per E-Mail und Chat ebenso wie am Telefon – das direkte verbale sowie optische Feedback des Gegenübers. Sie erkennen daher nicht, ob Ihnen der Gesprächspartner durch Kopfnicken zustimmt, Ihre Botschaft verständlich angekommen ist, oder ob er seine Miene verzieht, weil Sie sich im Ton vergriffen haben. Ihnen fehlt angesichts der nicht direkt erlebten Reaktion des Gegenübers die Chance, sich prompt zu korrigieren, Inhalte gleich zu vertiefen oder sich gegebenenfalls schnell zu entschuldigen. Die daraus entstehenden Unklarheiten und Missverständnisse können Projektfortschritte verzögern oder im Extremfall sogar Geschäftsabschlüsse ganz verhindern. Kommunizieren ohne sichtbares Gegenüber erfordert das Beachten einiger einfacher Regeln sowie mehr Feingefühl.

Wenn wir den ganzen Tag im Büro von Kollegen umgeben sind, kommunizieren wir meist sehr viel, auch zwischen Tür und Angel oder im Vorbeigehen. Jedenfalls deutlich mehr, als wenn einige oder alle Mitarbeiter weit voneinander entfernt im Homeoffice sitzen.

„Denk daran, dem Kunden XY das Angebot zu schicken!“, oder „Bist du sicher, dass du alle Berichte für die Besprechung dabeihast?“, oder „Ruf bitte in den nächsten 30 Minuten den Kollegen zurück!“. Im Büro können wir uns spontan solche Erinnerungen und Infos zurufen. Dabei kommunizieren wir nicht nur verbal, sondern auch non-verbal, beispielsweise durch Blickkontakt, Mimik und Tonfall. Im Homeoffice fällt diese schnelle Form des Gedankenaustausches weg. Trotzdem darf die Kommunikation nicht entscheidend unter der räumlichen Distanz leiden.

Auch wenn Sie und viele Ihrer Kollegen, Kunden und Geschäftspartner sich viel weniger persönlich begegnen, sind gute Kommunikation und laufender Informationsaustausch zwei wesentliche Schlüssel für produktives Arbeiten. Neben Telefon, E-Mail und Video-Konferenzen stehen dazu viele verschiedene technische Hilfsmittel zur Verfügung, zum Beispiel interne Chat-Kanäle oder Kurznachrichten-Tools. Wobei es sinnvoll ist, nicht mehrere solcher Tools parallel zu verwenden. Entweder Ihr Arbeitgeber stellt ohnehin nur eine bestimmte Lösung zur Verfügung, oder Sie sollten sich mit Kunden und Geschäftspartnern auf ein oder maximal zwei verschiedene Anwendungen einigen. Bei zu vielen Anwendungen besteht schnell die Gefahr, die Übersicht zu verlieren oder Nachrichten zu übersehen.

Bewährt hat sich beispielsweise ein fixes Zeitfenster pro Tag oder Woche (je nach Erforderlichkeit), um sich regelmäßig mit Kollegen auszutauschen und abzustimmen. Fix vereinbarte Online-Meetings helfen unter anderem dabei, offene oder im Laufe eines Arbeitstages auftretende Fragen zu bündeln und dann gesammelt mit den Kollegen zu besprechen. Löchern Sie Kollegen oder Geschäftspartner besser nicht ständig mit einzelnen Fragen. Wenn die jeweilige Frage nicht sehr dringend ist, ist das Sammeln von Fragen oft der bessere und effizientere Weg, um Antworten einzuholen. Stellen Sie Kollegen jede Frage einzeln in der Sekunde, in der sie auftaucht, stören Sie oft den oder die Kollegen und reißen diese aus deren eigener Arbeit oder Konzentration heraus.

Im Büro sehen wir (zumindest im nahen Umfeld), dass der Kollege gerade nicht am Platz ist, beispielsweise weil er Mittagpause macht. Wenn Kollegen telefonieren, dann hören wir das. Wenn der Chef gerade nicht gestört werden will, dann schließt er die Tür zu seinem Büro. Sitzen hingegen alle Zuhause im Homeoffice, dann ist es nicht so klar, was die Kollegen oder der Chef gerade tun beziehungsweise ob sie gerade verfügbar oder ansprechbar sind. Überlegen Sie sich, ob Sie Ihre Kollegen nicht auch über kurze Abwesenheiten (Mittagspause) oder Zeitfenster, in denen Sie nicht gestört werden wollen oder können, mit einer knappen Nachricht informieren.

Selbst wenn alle vom Homeoffice aus arbeiten, darf weder die berufliche noch die zwischenmenschliche Kommunikation versiegen. Lediglich etwas anders wird sie ablaufen und ein wenig mehr Aktivität und Motivation erfordert sie.

Merkmale von Textnachrichten beachten

Textnachrichten wie E-Mails und Chat-Nachrichten sind fixer Bestandteil unseres beruflichen und privaten Alltags. Manche Nachrichten bestehen nur aus wenigen Worten, manche haben epischen Umfang. Grundsätzlich muss uns klar sein, dass Textnachrichten nicht das richtige Medium sind, um binnen Sekunden oder Minuten eine Reaktion oder die gewünschte Antwort zu erhalten. Sie wissen als Absender nicht, ob der Empfänger gerade vor dem Posteingang sitzt oder überhaupt online ist. Vielleicht lässt sich der Empfänger gerade durch nichts stören, weil er konzentriert arbeitet, macht eine Pause oder hat seinen Arbeitstag schon beendet. Selbst wenn Sie im Chat-Protokoll angezeigt bekommen, dass der Empfänger Ihre Nachricht erhalten und gelesen hat, muss das nicht heißen, dass er prompt Zeit für eine Antwort hat.

Möglicherweise haben Sie in Ihrer Nachricht nicht klar genug zu verstehen gegeben, dass Sie eine Reaktion oder Antwort erwarten.

Einen fragenden Blick, mit dem Sie Ihrem Gegenüber im persönlichen Gespräch mitteilen, dass Sie eine Antwort erwarten, können Sie per Textnachricht nicht übermitteln. Schreiben Sie also klar und gegebenenfalls mit Angabe einer Frist, ob und bis wann Sie eine Antwort erwarten oder benötigen (weil sonst vielleicht Sie selbst nicht weiterarbeiten können).

Sie können auf eine Nachricht, die ihrerseits eine umfassende Antwort bedingt, für die Sie aber momentan oder heute keine Zeit haben, kurz zur Info des Absenders antworten, beispielsweise „Danke für die Nachricht, bin heute busy, antworte verlässlich morgen.“. Solche kurzen Feedbacks helfen dem Absender bei seiner eigenen Aufgabenplanung und -erfüllung oft ungemein.

Denken Sie beim Schreiben oder Beantworten von Textnachrichten (aber auch von Dokumenten wie Angeboten und Produktbeschreibungen), dass der Empfänger lediglich den geschriebenen Text zu sehen bekommt. E-Mails eignen sich nun einmal nicht zum Übertragen von Gestik (etwa ein Kopfschütteln) und Mimik (zum Beispiel ein Lächeln). Auch den Tonfall, der beispielsweise Freude oder Überraschung signalisiert, und Emotionen, an denen Sie womöglich erkennen, ob Ihr Gegenüber heute gut oder schlecht aufgelegt ist, können Textnachrichten nicht übertragen.

Trotzdem kann es vorkommen, dass Sie sich bei Textnachrichten „im Ton“ vergreifen, gegenüber Kollegen, die Sie gut und möglicherweise auch privat kennen ebenso wie gegenüber Vorgesetzten. Durch eine spitze Bemerkung, eine (freundschaftliche gemeinte, aber dennoch zu) freche Ergänzung oder eine unrealistisch kurze Frist für die Antwort, fühlt sich der Empfänger vielleicht beleidigt oder kompromittiert. Selbst wenn dazu eigentlich kein Grund besteht. Aus der Entfernung bekommen Sie das gar nicht mit, und können demzufolge nicht darauf reagieren. Bis Sie es dann endlich mitbekommen, können Tage oder Wochen vergangen sein, in denen sich der Frust beim Empfänger tief hineingefressen hat. Solche Missverständnisse sind dann umso schwieriger zu bereinigen.

Glauben Sie mir, ich spreche aus eigener Erfahrung. Vor vielen Jahren ist es auch mir passiert, dass ich als Vertriebsleiter meinem Gegenüber die Meinung über geschäftliche Belange per E-Mail in fetten, roten Zeichen in Schriftgröße 48 mitgeteilt habe. Wir kannten uns zwar sehr gut und lange, waren privat befreundet, aber dennoch führten diese Nachrichten zu Spannungen, die wirklich entbehrlich waren, geschäftlich ebenso wie zwischenmenschlich. Viel besser wäre es gewesen, wenn ich zum Telefon gegriffen hätte, um das persönliche Gespräch zu suchen. Letztendlich geklärt haben wir das Thema dann im persönliche Gespräch Aug in Aug.

Seien Sie also vorsichtig beim Texten und gegebenenfalls nachsichtig. Und wenn Sie sich tatsächlich einmal ärgern über eine Nachricht beziehungsweise einen Kollegen, unabhängig davon, ob zu Recht, oder nicht, dann antworten Sie nicht sofort. Lassen Sie sich mit der Antwort ein paar Stunden oder bis morgen Zeit. Verfassen Sie gegebenenfalls die Antwort, aber senden Sie sie nicht gleich ab. Speichern Sie die Nachricht als Entwurf ab, und gehen Sie über den Inhalt am nächsten Tag noch einmal drüber. Sie werden oft selbst erkennen, dass Sie sich im ersten Frust durchaus im Ton vergriffen haben und mit einem Tag Abstand deutlich einfühlsamer und freundlicher antworten.

Für die geschäftliche Kommunikation im Namen Ihres Arbeitgebers oder in Ausübung Ihrer gewerblichen Tätigkeit sollten Sie stets die Firmen-E-Mail-Adresse verwenden und niemals die private. Haben Sie mehrere verschiedene Geschäftsfelder oder Gewerbetätigkeiten, dann achten Sie darauf, dass Sie jeweils die richtige E-Mail-Adresse verwenden.

Überprüfen Sie vor dem Klick auf „Senden", ob Sie in der Adresszeile die richtigen Empfänger ausgewählt haben. Informationen, im Text oder Dateianhang, sind immer nur für die richtigen Adressaten bestimmt. Landet eine Nachricht beim falschen (internen oder externen) Empfänger im Posteingang, kann das zu Irrtümern, Missverständnissen und (datenschutzrechtlich relevanten) Datenschutzverletzungen führen.

Gehen Sie wohlüberlegt mit Nachrichten an Verteilergruppen um. Ist es tatsächlich notwendig, dass die Nachricht gleichzeitig an zehn, zwanzig oder noch mehr Empfänger geht? Ist die Information wirklich so wichtig, dass sie an „Alle Mitarbeiter" versendet wird? Antworten mehrere Empfänger mit der Funktion „Allen antworten", kann eine unkontrollierbare und unüberschaubare Flut an Nachrichten entstehen.

Überlegen Sie sich genau, ob und wer die Nachricht in Kopie (CC) oder unsichtbarer Kopie (BCC) erhalten soll. Beschränken Sie die Anzahl der Empfänger in der CC- sowie BCC-Adresszeile auf das Mindestmaß.

Emojis in Textnachrichten vermeiden

Emojis, also kleine Piktogramme mit denen wir unseren Emotionen Ausdruck verleihen oder Nachrichten als witzig, traurig, überrascht usw. kennzeichnen können, sind in Textnachrichten zur wahren Seuche geworden. Mittlerweile gibt es tausende davon, und von den meisten kennen wir nicht einmal die wahre Bedeutung. Oder können das Emoji mit seinen nur wenige Pixel großen Details gar nicht richtig erkennen.

In der geschäftlichen Kommunikation haben Emojis grundsätzlich nichts zu suchen. Im Grunde auch dann nicht, wenn Sie Ihre Kollegen und Geschäftspartner schon lange und gut, vielleicht sogar privat, kennen. Bedenken Sie, dass nicht jeder Empfänger die Bedeutung der Emojis, Sticker usw. versteht (oder sie auf einem kleinen Smartphone-Display korrekt erkennt). Und bedenken Sie, dass geschäftliche Nachrichten vom Empfänger eventuell an weitere Empfänger (Vorgesetzte, Geschäftsleiter, Kunden usw.) weitergeleitet werden. Dort kommen diese Spielereien womöglich gar nicht gut an. Verzichten Sie beruflich lieber ganz darauf.

Größe von Dateianhängen bedenken

E-Mails und Chat-Nachrichten dienen nicht nur der reinen Kommunikation, sondern vielfach dem Austausch von Dokumenten. Auch hier gilt, dass Sie nicht prompt eine Reaktion erwarten können, wenn der Empfänger für die gewünschte Antwort zuerst dutzende Seiten Text lesen muss.

Bedenken Sie, dass manche E-Mail-Anwendungen oder E-Mail-Server die Dateigröße des empfangbaren Anhangs limitieren. Nicht jeder kann Anhänge mit zwanzig oder noch mehr Megabyte Datenvolumen empfangen. Nach wie vor gibt es nicht überall stabile und entsprechend leistungsfähige Internetverbindungen. Wenn die Internetverbindung während des Downloads mehrfach abreißt, wird das Empfangen solcher Nachrichten zur zeitraubenden Angelegenheit (die eventuell durch die Übertragungsbandbreite völlig auslastet und anderen Anwendungen blockiert).

Überlegen Sie sich, ob Sie große Datenmengen unbedingt per E-Mail übertragen müssen, oder sie nicht über einen zentralen Speicherplatz am File-Server des Unternehmens oder einem (sicheren) Cloud-Speicher zur Verfügung stellen können. Manchmal reicht schon das Komprimieren der Daten, das so genannte Zippen.

Lesebestätigungen anfordern: ja oder nein?

E-Mail-Anwendungen, zum Beispiel jene von Microsoft, bieten die Möglichkeit, als Absender eine Lesebestätigung zu erhalten. Sobald der Empfänger Ihre E-Mail gelesen hat, erhalten Sie automatisch eine Bestätigung darüber. Wobei sich die Frage stellt, was die E-Mail-Anwendung als „lesen“ erkennt. Denn eine Lesebestätigung besagt nicht, dass der Empfänger Ihre Nachricht tatsächlich gelesen hat.

Vielleicht hat lediglich eine Vertretung des eigentlichen Empfängers die Nachricht geöffnet. Möglicherweise kann die E-Mail-Anwendung des Empfängers gar keine Lesebestätigungen verschicken oder vielleicht verweigert Ihr Empfänger einfach nur die Lesebestätigung. Ob der Empfänger die Dateianhänge gelesen hat, wissen Sie trotz einer Lesebestätigung nicht. Viele Empfänger von E-Mails, so zum Beispiel auch ich, lehnen Lesebestätigungen generell ab, weil sie als Kontrolle oder als aufdringlich empfunden werden.

Manchmal werden Lesebestätigungen angefordert, um zu dokumentieren, dass der Empfänger die Nachricht erhalten und gelesen hat. Jedoch haben Lesebestätigungen keine rechtliche Relevanz und belasten die IT-Systeme ohne echten Wert zu haben. In den allermeisten Fällen sind Absender für den Versand verantwortlich, oder verpflichtet gewisse Informationen (etwa an Kunden) zu versenden (beispielsweise Datenschutzinformationen und regelmäßige Berichte). Dokumentieren Sie besser das Versenden.

Telefon als Alternative zum Tippen nutzen

In vielen Fällen sind der Griff zum Telefon und ein direktes Gespräch mit dem Kollegen, Vorgesetzten oder Kunden die weitaus bessere und effizientere Lösung. Beispielsweise für eine Terminvereinbarung, noch dazu, wenn mehrere Personen am Termin teilnehmen sollen. Eine Terminvereinbarung zwischen drei, vier oder mehr Personen via E-Mail kann zur sprichwörtlichen Sisyphos-Aufgabe werden. Ein kurzer (Conference-)Call führt schneller zum Ziel. Natürlich kann es auch ein Video-Call sein.

Neben dem klassischen Festnetz-Telefon, das heutzutage viele gar nicht mehr haben, wird zum Telefonieren das Mobiltelefon genutzt. Wenn zum geschäftlichen Telefonieren das auch privat genutzte Telefon genutzt wird, ergeben sich durch das Vermischen geschäftlicher und private (personenbezogener) Daten stets Probleme mit dem Datenschutz. Sicher in diesem Sinne ist es, wenn Sie zwei getrennte Telefone nutzen.

Immer mehr kommt die IP-Telefonie (Internet-Protokoll-Telefonie) in Mode, die auch Voice over IP, kurz VoIP, genannt wird. Dabei sind keine eigenen Endgeräte zum Telefonieren notwendig, sondern lediglich eine VoIP-Software. Diese muss natürlich bei allen Gesprächspartnern korrekt installiert sein.

Telefonieren ist insbesondere dann eine gute Kommunikationsmöglichkeit, wenn Sie sich mit dem Formulieren von Textnachrichten etwas schwertun, zum Beispiel wenn deutsch nicht Ihre Muttersprache ist und Sie vielleicht nicht sattelfest bei den vielen Grammatikregeln der deutschen Schrift sind (das geht auch vielen Menschen mit deutscher Muttersprache so).

Wenn Sie beim Einlangen eines Anrufs gerade konzentriert arbeiten und sich nicht stören beziehungsweise herausreißen lassen wollen, dann heben Sie nicht ab und lassen es klingeln. So gut wie niemand muss immer sofort verfügbar sein (es sei denn, sie sind ein Notfallkontakt für die Kollegen, dann empfiehlt es sich natürlich jeden Anruf prompt anzunehmen). Senden Sie dem Anrufer eventuelle eine kurze (SMS-)Nachricht, in der Sie ihm mitteilen, dass Sie verlässlich später, heute oder morgen zurückrufen. Viele Smartphones bieten solche Nachrichten als Standard-Funktion an.

Video-Call ersparen oft persönliche Meetings

Verfügen Sie und Ihre Kommunikationspartner über ausreichend leistungsfähige Internetverbindungen, bieten sich Video-Calls oder Video-Konferenzen an. Viele international tätige Unternehmen, deren Mitarbeiter in der Vergangenheit oft zu Besprechungen quer durch Europa oder sogar rund um die ganze Welt geflogen sind, haben erkannt, dass Video-Konferenzen meist ebenso Ziel führend, aber gleichzeitig viel zeitsparender und kostengünstiger sind als persönliche Meetings am anderen Ende des Kontinents oder der Welt.

Natürlich ist und bleibt das Arbeiten mit Kollegen, Geschäftspartnern und Kunden „People´s Business“. Auf Dauer sind Video-Konferenzen nicht die beste Lösung, zwischendurch sollte es immer wieder den persönlichen Kontakt geben. Am besten funktionieren Video-Konferenzen meiner Erfahrung nach dann, wenn sich die Gesprächsteilnehmer aus der Vergangenheit bereits persönlich kennen. Zu Kollegen, Kunden und Geschäftspartnern, die Sie ausschließlich vom Bildschirm her kennen, baut sich oft keine echte zwischenmenschliche Beziehung auf.

Für Video-Calls gibt es eine Fülle an verschiedenen Anwendungen am Markt. Manche Arbeitgeber verbieten das Verwenden bestimmter Anwendungen aus Datenschutzgründen. Welche Software Ihr Unternehmen bevorzugt nutzt, finden Sie sicherlich in der Homeoffice-Richtlinie. Berücksichtigen Sie so ein Verbot auch dann, wenn Sie von einem externen Kommunikationspartner zu einem Video-Call eingeladen werden. Nicht alle nehmen es mit dem Datenschutz so genau, nicht überall auf der Welt gelten ähnlich strenge Datenschutzgesetze wie in der Europäischen Union.

Intensiver beschäftigen wir uns mit diesem Thema im letzten Kapitel.

Messenger-Dienste: Fluch und Segen

Manchmal stellen E-Mail-Anwendungen parallel zum Nachrichtenversand und -empfang eine Chat-Funktion zur Verfügung. Gegen das Nutzen solcher internen Chat-Funktionen, die in der Regel eine schnellere Kommunikation als per E-Mail erlauben, spricht grundsätzlich nichts. Ihr Arbeitgeber beziehungsweise die Kollegen aus der IT-Abteilung werden für angemessenen Datenschutz und IT-Sicherheit sorgen. Wie für alle Messenger-Dienste gilt aber, dass

Sie sich beim geschäftlichen Chatten auf das Wesentliche beschränken sollten.

Bei sämtlichen öffentlichen Messenger-Diensten, wie beispielsweise dem weltweit meistgenutzten Messenger WhatsApp, ergeben sich hingegen datenschutzrechtliche Bedenken. Beim geschäftlichen Nutzen ist es oftmals unmöglich, Messenger datenschutzkonform zu betreiben. Schon alleine das Installieren kann bedenklich sein.

Bleiben wir beim Beispiel WhatsApp. Sie verstoßen durch das geschäftliche Nutzen dieses Dienstes (jedenfalls in der kostenfreien Version) gegen die Nutzungsbedingungen. WhatsApp erklärt in den Nutzungsbedingungen nämlich ausschließlich das private Nutzen für zulässig beziehungsweise schließt das „nicht-private" Verwenden (also beruflich, geschäftlich oder gewerblich) aus. Auch die Business-Version von WhatsApp ist datenschutzrechtlich bedenklich, denn diese Version liest unter anderem ebenfalls gespeicherte Kontaktdaten aus dem Speicher des Endgerätes aus, unabhängig davon, ob der Kontakt selbst einen WhatsApp-Account hat, oder nicht, unabhängig davon, ob es sich um einen privaten oder beruflichen Kontakt handelt. Verweigern Sie WhatsApp den Zugriff auf den Kontaktspeicher des Endgerätes, ist der Dienst hingegen nicht mehr praktikabel nutzbar.

Viele Messenger-Dienste übertragen die Kommunikation verschlüsselt, also sicher. Das ist nicht das Problem. Viel mehr widersprechen der Zugriff und das Auslesen von Kontaktdaten sowie Informationen zum Kommunikationsverhalten den geltenden Datenschutzbestimmungen. Dazu kommt, dass die ausgelesenen Daten an den Betreiber übertragen und dort verarbeitet werden, im Extremfall konzernweit geteilt (WhatsApp gehört seit einigen Jahren zum Facebook-Konzern) und eventuell an Dritte weiterverkauft werden. Ob und in welchem Ausmaß personenbezogenen Daten tatsächlich von Dritten verarbeitet werden, wissen wir de facto nicht, die Nutzungs- und Datenschutzbestimmungen sind diesbezüglich oft wenig konkret.

Insbesondere WhatsApp und Facebook sind wahre Datenkraken. Ursprünglich wollte der Facebook-Konzern die Datenschutz- und Nutzungsbestimmungen seines Messenger-Dienstes WhatsApp im Februar 2021 ändern. Damit verbunden war die Einwilligung der Nutzer, WhatsApp-Daten mit Facebook zu teilen, um sie unter anderem für Werbung zu nutzen. Nach massiver Kritik daran und dem Verlust von Millionen Nutzern binnen weniger Tage hat WhatsApp die Einführung neuer Datenschutzregeln verschoben.

Am Markt gibt es zahlreiche Alternativen, wie zum Beispiel Signal oder Threema, die mit Sicherheit und Datenschutz werben. In der Praxis gestaltet sich der Umstieg jedoch oft schwierig, denn nicht nur Sie selbst müssten ja umsteigen, sondern auch alle Ihrer Kommunikationspartner. Und ob Sie tatsächlich alle Familienmitglieder, Freunde, Bekannte und Kollegen zum Umstieg bewegen können, ist eher unwahrscheinlich.

Welche Daten öffentliche Messenger-Dienste, ganz egal wie sie heißen, aus Ihrem Endgerät auslesen, welche Informationen im Zusammenhang mit der Kommunikation verarbeitet und wohin die Daten übertragen werden, was dort damit geschieht und mit wem sie geteilt (eventuell sogar verkauft) werden, wissen wir de facto nicht. Nutzungsbedingungen und Datenschutzerklärungen sind zwar seitenlang, bleiben hinsichtlich des in der Europäischen Union geltenden Datenschutzniveaus aber zu schwammig.

Klarer Ratschlag daher zur Sicherheit: Messenger-Dienste nicht geschäftlich nutzen. Können oder wollen Sie privat nicht darauf verzichten, dann nur auf einem getrennten Endgerät.

Beziehungen weiterhin pflegen

In erster Linie gehen wir naturgemäß ins Büro, um damit unseren Lebensunterhalt, sprich unser Einkommen, zu verdienen. Wir dürfen aber nicht unterschätzen, wie wichtig die zwischenmenschlichen und sozialen Kontakte im Büro sind. Der persönliche Kontakt sorgt für mentalen Ausgleich und Motivation gleichzeitig. Nicht umsonst nehmen viele langjährige Beziehungen und glückliche Ehen (ebenso Affären) im Büro ihren Anfang.

Im Büro ergeben sich zufällige Begegnungen ganz automatisch. Kollegen aus verschiedensten Abteilungen treffen sich beim Kaffee holen oder beim zentral aufgestellten Drucker. Diese Zufallsbegegnungen dienen nicht nur dem sozialen Kontakt, sondern auch dem beruflichen oder privaten Gespräch. Sitzen hingegen alle im Homeoffice, gibt es diese spontanen Treffen mit Kollegen nicht.

Trotzdem sollte der zwischenmenschliche Kontakt vom Homeoffice aus weiterhin gepflegt werden. Allerdings ist – weil sich Mitarbeiter nicht automatisch über den Weg laufen – etwas mehr Aktivität erforderlich. Bewusstes Handeln ist notwendig. Schon ein kurzes Gespräch am Telefon, um wieder einmal die Stimme von Kollegen (aber auch von Kunden und Geschäftspartnern) zu hören, kann auf beiden Seiten die Stimmung aufhellen. Dabei gilt aber ebenso wie im Büro, dass der Arbeitstag nicht nur aus dem Pflegen sozialer Kontakte bestehen darf. Übertreiben Sie es also nicht.

Helfen Sie sich zuerst selbst

Im Homeoffice sollten Sie gut organisiert sein. Denn Sie haben keinen Kollegen nebenan sitzen, den Sie schnell fragen können, in welchem Verzeichnis die Preiskalkulation für den Kunden gespeichert ist, wie die Mobiltelefonnummer vom Einkaufsleiter des Kunden lautet, oder wie sich der Änderungsmodus der Textverarbeitung ausschalten lässt. Im Homeoffice haben Sie keine Kollegen, die kurzfristig Ihre Wissenslücken oder Nachlässigkeiten kompensieren, damit Sie gleich weiterarbeiten können. Genauso wenig werden Ihre Kollegen begeistert sein, wenn Sie sie zigmal am Tag wegen solcher Kleinigkeiten, die Sie sehr wohl auch selbst wissen könnten, anrufen.

Wir alle sind geneigt, stets die für uns persönlich einfachste und schnellste Lösung zu wählen. Investieren Sie lieber zuerst einmal ein paar Minuten, um sich solche Fragen selbst zu beantworten. Sonst werden Sie den Kollegen bald auf den Nerv gehen. Verzeichnisse gespeicherter Dateien haben eine Suchfunktion. Die Telefonnummer des Einkaufsleiter steht höchstwahrscheinlich in der zentralen Kundendatenbank. Antworten auf Fragen zu Standard-Anwendungen wie einer Textverarbeitung finden sich nach kurzer Suche im Internet.

Gute Richtlinien sind in diesem Zusammenhang eine wichtige Stütze für die Arbeit im Homeoffice, zum Beispiel bei Fragen zur Organisation oder zur Technik.

Besprechungen organisieren

Besprechungen richtig organisieren

Anwendungen für Video-Konferenzen erleben einen Boom. Sie stellen mittlerweile eine Möglichkeit zur Kommunikation dar, die aus dem beruflichen Alltag generell sowie aus dem Homeoffice im Speziellen nicht mehr wegzudenken sind. Sie sind kostengünstig, in manche Standard-Anwendungen bereits integriert, effizient und mit geringem zeitlichem Aufwand zu organisieren. Aber Besprechungen, Meeting und eventuell Webinare online zu halten, will gelernt sein.

In der Vergangenheit haben viele Unternehmen Ihre Mitarbeiter kreuz und quer durch die Region, Europa oder die ganze Welt zu Meetings mit Kollegen, Kunden und Geschäftspartnern geschickt. Video-Konferenzen waren eher selten. Kontaktbeschränkungen aus Anlass der Corona-Pandemie haben jedoch zu einem nachhaltigen Umdenken geführt. Man muss sich nicht immer ins Auto, in die Bahn oder ins Flugzeug setzen, um bei Besprechungen persönlich anwesend zu sein. Die allermeisten Themen und Projekte lassen sich auch bequem und produktiv per Video besprechen und vorantreiben. Diese Entwicklung wird sich höchstwahrscheinlich fortsetzen und zur fixen Einrichtung, auch für kleine Unternehmen, werden.

Alle hier im Folgenden genannten Tipps habe ich in einer kompakten Checkliste zusammengefasst, die Sie zum Download auf meiner Internetseite unter www.andreasdolezal.at/homeoffice finden.

Grundsätzlich gilt alles, das für ein „Offline"-Meeting gilt, auch für Online-Meetings. Sie müssen als Organisator, Sprecher oder Teilnehmer ebenso gut darauf vorbereitet sein, denn kein Teilnehmer hat Verständnis dafür, dass Sie ein von Ihnen initiiertes und organisiertes Online-Meeting (mehr als einmal) vergeigen. Darüber hinaus sollten oder müssen für eine erfolgreiche Online-Besprechung noch eine Reihe weiterer Aspekte berücksichtigt werden.

Richtiges Video-Konferenz-Tool wählen

Die Entscheidung für das richtige Video-Konferenz-Tool wird Ihnen abgenommen, wenn Ihr Arbeitgeber eine bestimmte Anwendung explizit vorschreibt. Möglicherweise ist so ein Tool bereits in eine der Standard-Anwendungen integriert, die laufend zum Einsatz kommen, wie zum Beispiel Microsoft Teams. Oder bestimmte Tools werden aus anderen Gründen, oftmals Datenschutz oder Konzern-Strategie, ausgeschlossen. Die Anwendung „Zoom" stand diesbezüglich etwa lange Zeit in der Kritik („Zoom-Bombing") und manche Unternehmen haben das Verwenden untersagt.

Müssen Sie als Unternehmer die Entscheidung treffen, dann achten Sie darauf, dass es eine ausfallsichere Anwendung ist. Das ist jetzt leicht gesagt, jede Internet-basierte Software kann natürlich irgendwann einmal aus den verschiedensten Gründen ausfallen. In Testberichten, die Sie nach einer schnellen Recherche im Internet finden, können Sie sich einen Überblick verschaffen über Qualität, Vor- und Nachteile der vielen verschiedenen Tools.

Professionelle Anwendungen dürfen durchaus ein paar Euro kosten. Zumeist sind damit Zusatzfunktionen, wie beispielsweise Analyse- und Umfrage-Funktionen, verbunden oder ein Online-Support für technische Fragen. Ich selbst nutze für meine Online-Vorträge und Online-Meetings die Anwendung GotoWebinar. In der Basis-Version für bis zu hundert Teilnehmer kostet diese knapp hundert Euro pro Monat. Nicht geschenkt, aber Online-Vorträge machen meine Arbeit um so viel effizienter, dass diese paar Euro gut investiertes Geld sind.

Für die allermeisten Video-Konferenz-Tools ist es nicht erforderlich, dass Ihre Kommunikationspartner standardmäßig dieselbe Anwendung verwenden. Kleine Software-Pakete, die für die Teilnahme installiert werden müssen, werden in der Regel mit dem Einladungslink verschickt. So habe ich unter anderem bereits an Online-Besprechungen teilgenommen, die via Skype, Microsoft Teams, Zoom, Slack und GotoWebinar stattfanden.

Allerdings kann es vorkommen, dass ausgerechnet jene Anwendung, die Sie für sich als Standard ausgewählt haben, auf Seiten Ihres Kommunikationspartners - aus welchen Gründen auch immer - nicht zulässig ist. Häufen sich solche Fälle, sollten Sie sich vielleicht nach einer Alternative umsehen.

Datenschutz beachten

Datenschutzkriterien können bei der Auswahl (oder wie erwähnt beim Verbot) einer Anwendung ebenfalls eine Rolle spielen. Denn solche Tools verarbeiten eine Menge an (personenbezogenen) Daten, unabhängig davon, ob Ihnen das bewusst ist, oder nicht. Klar ist, dass Sie beim Organisieren von Online-Besprechungen die Namen und E-Mail-Adressen der Teilnehmer verarbeiten. Dazu kommen weitere Webinar-Daten wie Thema, Beschreibung, Teilnehmer-IP-Adressen, eventuell Geräte- und Hardware-Informationen sowie Bild- und Audiodaten.

Teilen Sie im Rahmen des Online-Meetings Bildschirminhalte oder Dokumente, oder werden über die Chat-Funktion Fragen gestellt und beantwortet, dann landen auch diese auf dem Server des Dienstanbieters, ebenso die Ergebnisse von Umfragen und im Falle von Aufzeichnungen die Audio- und Videoaufzeichnungen. Manche Tools können darüber hinaus den Grad der Aufmerksamkeit der Teilnehmer messen und Ihnen als Organisator anzeigen (interessant beispielsweise bei Schulungen).

Gute Anwendungen, die das Thema Datenschutz ernst nehmen, informieren in den Nutzungs- beziehungsweise Datenschutzerklärungen darüber, welche Daten wo (USA? Siehe Abschnitt zum EU-US-Datenschutzabkommen am Ende des Kapitels „Datenschutz & IT-Sicherheit“) verarbeitet und wie lange diese gespeichert werden.

Darüber müssen Sie korrekter Weise Ihre Teilnehmer informieren, um den Informationspflichten gemäß Artikel 13 oder gegebenenfalls Artikel 14 der Datenschutz-Grundverordnung nachzukommen. Diese Informationen müssen im Sinne der DSGVO beim ersten Kontakt gegeben werden, also bereits bevor Kollegen, Kunden oder Geschäftspartner am Online-Meeting teilnehmen und deren Daten verarbeitet werden. Ich persönlich ergänze meine Webinar-Ankündigungen mit dem Link zu diesen Informationen auf meiner Internetseite, verteile sie gleichzeitig mit der Bestätigung der Anmeldung beziehungsweise spätestens mit dem Einladungslink an die Teilnehmer.

In der Regel handelt es sich beim Anbieter des Video-Konferenz-Tools im Sinne der Datenschutz-Grundverordnung um einen Auftragsverarbeiter. Denn die Anwendung verarbeitet die erwähnten personenbezogenen Daten gemäß Ihrem Zweck in Ihrem Auftrag. Mit jedem Ihrer Auftragsverarbeiter müssen Sie einen so genannten Auftragsverarbeitervertrag abschließen. Bei kostenpflichtigen Tools erfolgt das in der Regel gleichzeitig mit dem Vertragsabschluss. Bei Tools, die in eine vorhandenen Standard-Anwendung integriert sind, ist das wahrscheinlich schon beim Lizenzieren geschehen. Manchmal stehen solche Verträge auf den Internetseiten der Anbieter zum Download bereit oder Sie finden dort zumindest Information dazu.

Wo Sie darüber hinaus sonst noch an die gesetzlichen Datenschutzpflichten denken sollten, erwähne ich direkt in den folgenden Abschnitten.

Notwendigkeit der Besprechung klären

Zu Recht heißt es, Zeit ist Geld. Muss das betreffende Meeting wirklich sein? Oder ist es im Extremfall nur eine Zeitfresser für die vorgesehenen Teilnehmer? Diese Frage stellt sich nicht nur vor dem Organisieren von Online-Meeting, sondern generell vor dem Einberufen von Besprechungen. Insbesondere dann, wenn Teilnehmer dazu anreisen müssen.

Denken Sie nur einmal daran, wie viele Stunden Sie selbst schon in entbehrlichen und letztendlich nutzlosen Besprechungen und Online-Meetings verbracht haben. Wie viel wertvolle Zeit haben Sie damit schon vergeudet? Überlegen Sie sich, ob die Themen und Inhalte nicht besser per E-Mail oder Telefon geklärt werden können.

Dauer des Meetings eingrenzen

Wenn Sie zum Schluss gelangen, dass ein Online-Meeting der beste Weg ist, um das offene Thema zu besprechen, dann überlegen Sie sich genau, wie lange die Besprechung dauern soll. Die Info hinsichtlich der Dauer des Meetings (oder des Webinars) ist nicht nur für Ihre eigene Zeitplanung wichtig, sondern für die Zeitplanung jedes einzelnen Teilnehmers. Jeder hat davor und danach noch andere Termine oder Fristen, die beachtet, oder Aufgaben, die erledigt werden müssen.

Bedenken Sie, dass Menschen eine eingeschränkte Aufmerksamkeitsspanne haben. Kaum jemand kann über mehrere Stunden hindurch voll konzentriert sein, oftmals zudem nicht alle Teilnehmer gleich lang. Nach zwei oder drei Stunden sind nicht nur die Teilnehmer erschöpft, sondern wahrscheinlich auch Sie als Organisator oder Moderator. Daher ist es auch bei Online-Meeting üblich, Pausen zu machen.

Passenden Termin finden und fixieren

Zwei Gesprächspartner finden meist schnell ein Zeitfenster, das in beide Kalender passt. Spätestens ab drei oder vier Kommunikationspartnern wird die Aufgabe, einen Termin zu finden, der für alle Teilnehmer passt, zur Herausforderung – die mitunter schon Stunden dauern kann. Denn Sie müssen eventuell alle geplanten Teilnehmer einzeln kontaktieren und koordinieren, Rücksprache halten und einzelne Gegebenheiten (zum Beispiel den Terminkalender Ihres Chefs) berücksichtigen. Insbesondere dann, wenn es vielleicht gilt, Teilnehmer aus unterschiedlichen Unternehmen, Ländern oder gar Zeitzonen zu koordinieren.

Unterschätzen Sie dieses zentrale Element eines Meetings nicht. Führungskräfte und Teamleiter tun sich oft leichter beim Finden eines Termins, denn sie können eher auf ihren eigenen Kalender Rücksicht nehmen. Je nach Ihrem persönlichen Standing im Unternehmen oder dem gegenständlichen Thema kann es auch sein, dass Sie sich beim Termin an den Vorgaben anderer Teilnehmer orientieren müssen.

Eine durchaus nützliche Hilfe beim Finden eines Termins, der für mehrere geplante Besprechungsteilnehmer passt, sind öffentliche Terminfindungs-Tools wie beispielsweise Doodle. Diese erleichtern zwar die Aufgabe, sind aber datenschutzrechtlich heikel. Denn dabei werden personenbezogene Daten an externe Dritte – den Anbieter des Tools – übertragen und extern gespeichert. Neben der Frage, ob der Anbieter des Online-Einladungstools eventuell ein Auftragsverarbeiter ist, stellt sich die Frage, wo und wie sicher die Daten gespeichert werden.

Haben Sie den Termin gefunden, der für alle geplanten Teilnehmer passt, dann versenden Sie ihn so rasch als möglich an alle. Es darf nicht passieren, dass Sie endlich eine ganze Gruppe von Teilnehmern koordiniert haben, aber bis zum fixen Eintragen des gefundenen Termins in den jeweiligen Kalendern der Teilnehmer schon ein anderer Termin dazwischengekommen ist. Die Pause zur Entspannung gönnen Sie sich besser erst, nachdem Sie allen Teilnehmern eine Termineinladung oder die Bestätigung des Termins geschickt haben.

Richtige Teilnehmer einladen

Achten Sie beim Versenden der Terminbestätigungen sowie der Teilnahmelinks darauf, dass Sie die richtigen Empfänger wählen (und von diesen die aktuellen Kontaktdaten haben). Landet die Einladung zum Meeting oder Terminbestätigung im Posteingang eines Kollegen oder gar externen Empfängers, wie zum Beispiel eines Kunden oder gar Mitbewerbers, entstehen gleich zwei Probleme. Erstens erhält der für das Meeting erforderlichen Empfänger die Bestätigung oder den Teilnahmelink nicht. Zweitens führt die irrtümlich verschickte Einladung oder Bestätigung beim falschen Empfänger zu Missverständnissen. Beides führt auf Seiten des Organisators zumindest zu Mehraufwand, wenn nicht gar zu Problemen.

Es darf Ihnen beispielsweise nicht passieren, dass Sie als Chef den Termin für das Meeting mit dem Titel „Freistellung Mitarbeiter XY" statt an die Leiterin der HR-Abteilung an den betroffenen Mitarbeiter XY senden (als Assistentin des Chefs darf Ihnen das schon überhaupt nicht passieren). Als Vertriebsmitarbeiter sollte es Ihnen nicht passieren, dass Sie die Besprechung mit dem Thema „Exklusive Sonderpreise für Kunde AB" statt an den Einkaufsleiter des Kunden AB an den Kunden CD oder einen Ihrer Mitbewerber senden. Beide Beispiele können Sie und Ihr Unternehmen in Teufels Küche bringen.

In der Regel erhält jeder Teilnehmer seinen individuellen, also personalisierten Teilnahmelink. Weisen Sie Ihre Kommunikationspartner darauf hin, dass dieser Link ausschließlich für sie selbst bestimmt ist und nicht an andere weitergegeben werden darf. Achten Sie umgekehrt darauf, dass sich wirklich nur eingeladene Teilnehmer in das Meeting einwählen. Als zusätzliche Sicherheitsmaßnahme können Sie die Teilnahme erst nach Eingabe eines Passwortes zulassen. Video-Konferenz-Tools bieten oftmals diese Möglichkeit an.

Teilnehmerlisten korrekt handhaben

Oftmals werden Teilnehmerlisten geführt, beispielsweise als Bestandteil eines Protokolls, oder um die Anwesenheit bei Schulungen zu dokumentieren. Dabei ist Teilnehmerliste nicht gleich Teilnehmerliste. Es macht einen Unterschied, ob es sich um eine interne Besprechung, oder eine Veranstaltung mit externen Teilnehmern handelt. Nehmen an einem internen Meeting ausschließlich Mitarbeiter derselben Firma teil, ist das Austauschen der Teilnehmerliste vergleichsweise unkritisch.

Bei einem Meeting, einer Produktpräsentation oder einer Schulungsveranstaltung, an der auch externe Personen teilnehmen, ist es hingegen aus datenschutzrechtlichen Gründen nicht so einfach, Teilnehmerlisten zwischen den einzelnen Teilnehmern auszutauschen. Grundsätzlich benötigen Sie dazu im Vorfeld die ausdrückliche Einwilligung jedes einzelnen Teilnehmers.

Themen und Teilnehmer beschränken

Sehen Sie vier, fünf oder noch mehr zentrale Themen für eine Besprechung vor, benötigen Sie womöglich eine entsprechend große Anzahl an internen und externen Teilnehmern. Abgesehen davon, dass es mit steigender Teilnehmeranzahl immer schwieriger wird, einen Termin zu finden, der für alle passt, wird es für Sie als Organisator immer schwieriger die Besprechung zu moderieren und den zeitlichen Rahmen in Grenzen zu halten.

Jede Besprechung mit mehr als sieben Teilnehmern gilt grundsätzlich als ineffektiv. Mit wachsender Anzahl an Teilnehmern steigt die Gefahr, dass in der Diskussion ein Durcheinander entsteht, dass unkontrollierbar wird, weil alle irgendetwas zum Thema zu sagen haben oder sich nicht an die Gesprächsdisziplin halten. Selbst wenn es doppelten oder dreifachen Aufwand bedeutet, ist es manchmal sinnvoller, mehrere (kürzere) Meetings anzusetzen und die Themen aufzuteilen.

Achten Sie gleichzeitig darauf, dass Sie keine relevanten Teilnehmer vergessen, übergehen oder (bewusst oder unbewusst) von der Besprechung ausschließen. Es dauert in der Regel nicht lange und die ausgeschlossene Person bekommt Wind davon. Dann sind Verzögerungen im Projektablauf und Missverständnisse vorprogrammiert. Ganz abgesehen davon, dass sich die betreffende Person beleidigt fühlen kann und vielleicht bei der nächsten Besprechung auf Sie „vergisst".

Informationen eventuell vorab verteilen

Müssen sämtliche Informationen zu den Besprechungsthemen direkt im Meeting gegeben werden, oder gibt es gewisse Informationen (zum Beispiel Statistiken, Berichte, Videos), die Sie den Teilnehmern schon vorab zur Verfügung stellen können? Können sich die Teilnehmer schon im Vorfeld einlesen, verkürzt das möglicherweise die Dauer der Besprechung. Zumal ein Meeting eher dem Austausch im Gespräch dienen sollte als dazu, dass Sie oder ein anderer Teilnehmer einen einstündigen Vortrag halten.

Bedenken Sie dabei, dass Sie den Teilnehmern entsprechende Zeit einräumen, um sich in die vorab verschickten Informationen einzulesen. Mit dutzenden Seiten Text, die Sie wenige Minuten vor Beginn des Meetings erst versenden und die jeder Teilnehmer vorab lesen soll, wird niemand Ihrer Gesprächspartner Freude haben.

Fragen zu den Themen auf der Agenda, die Sie den Teilnehmern jedenfalls vorab kommunizieren sollten, können Sie ebenfalls bereits im Vorhinein einsammeln. Erstens spart das im Meeting Zeit, zweitens gestalten sich Online-Fragerunden unter vielen Teilnehmern oft schwierig. Drittens können Sie Antworten, die Sie nicht spontan beantworten können, schon in Vorbereitung des Meetings recherchieren oder einholen. Auch solche Fragen sollten Sie nicht erst unmittelbar vor Beginn des Meetings einfordern, sondern mit entsprechender Vorlaufzeit.

Agenda im Fokus behalten

Als Moderator beziehungsweise Organisator ist es Ihre Aufgabe darauf zu achten, dass die vorgesehene Agenda im Fokus bleibt. Driftet die Besprechung sukzessive zu anderen Themen ab, wird das ursprüngliche Ziel des Meetings verfehlt. Es steht Ihnen als Moderator zu, Gespräche über Themen, die nicht auf der Agenda des jeweiligen Meetings stehen, zu beenden. Weisen Sie freundlich, aber nachdrücklich darauf hin, dass diese bei anderer Gelegenheit besprochen werden, und führen Sie den Gesprächsinhalt zurück zur Agenda des laufenden Meetings.

Achten Sie darauf, dass aus dem Meeting keine themenfremde Plauderei wird. Oft sitzen alle Teilnehmer bequem und haben Snacks sowie Getränke am Arbeitsplatz stehen. So entspannte Gesprächssituationen verleiten viel zu schnell zu einer netten, aber wenig Ziel führenden Plauderei über Dies und Das. Die Themen auf der Agenda kommen dann zu kurz beziehungsweise reicht die veranschlagte Zeit nicht aus, um zu echten Ergebnissen zu gelangen. Plauschen und zwischenmenschliche Beziehungen pflegen ist gut und wichtig, aber nicht im Rahmen von geschäftlichen Besprechungen.

Präsentationen vereinfachen

Nach wie vor sind mit Text überfrachtete Präsentationsfolien viel zu üblich. Wenn Ihre Besprechungsteilnehmer viel Text lesen sollen, dann wäre es überlegenswert, die Informationen bereits im Vorfeld zu versenden. Geben Sie Ihren Bildschirm frei, sodass ihn alle Teilnehmer sehen können, dann gestalten Sie die geteilten Inhalte so einfach und prägnant wie möglich. Online an einem Meeting teilzunehmen erfordert in der Regel mehr Konzentration und Aufmerksamkeit als ein persönliches Treffen.

Überfordern Sie Ihre Kommunikationspartner nicht mit zu überfrachteten oder zu vielen geteilten Inhalten oder Präsentationsfolien. Verwenden Sie eine gut lesbare Schriftart in angemessener Schriftgröße. Versuchen Sie mit Hervorhebungen, Bildern und Effekten ein wenig Leben in die Präsentation zu bringen.

Sichere und stabile Internetverbindung herstellen

Normaler Weise machen wir uns über unsere Internetverbindungen und das Datenvolumen, das wir zum Senden von E-Mails, zum Surfen im Internet, oder Streamen von Musik und Videos beanspruchen, kaum Gedanken. Das vermehrte Arbeiten von Zuhause aus bei eventuell gleichzeitigem Home-Schooling, Musik- und Video-Streaming können jedoch das erforderliche Datenvolumen enorm erhöhen.

Stellen Sie sicher, dass Sie über eine stabile Internetverbindung mit entsprechend hoher Datenübertragungsrate und -bandbreite verfügen. Nichts wäre unangenehmer, als wenn ausgerechnet Ihre Internetverbindung oder Ihr Datenvolumen zu technischen Problemen führen. Sorgen Sie dafür, dass möglichst viel Ihrer vorhandenen Internet-Übertragungskapazität für das Online-Meeting oder das Webinar zur Verfügung stehen. Kaum etwas ist unangenehmer für Teilnehmer als stockende Video- oder Audio-Übertragungen.

Jedes Endgerät beziehungsweise jeder Mitbewohner, der parallel zum Online-Meeting im selben WLAN-Netzwerk hängt und ebenfalls Datenvolumen beansprucht, schmälert die Übertragungsbandbreite zusätzlich. Schließen Sie alle Anwendungen, die Sie im Meeting nicht benötigen, damit zum Beispiel Ihre E-Mail-Anwendung nicht während der Besprechung Nachrichten mit eventuell riesengroßen Dateianhängen empfängt und vom E-Mail-Server auf Ihr Endgerät lädt. Schließen Sie weiters den Internet-Browser, zumindest jene Internetseiten, die sich in regelmäßigen Abständen automatisch neu laden.

Deaktivieren Sie den WLAN-Zugriff des Smartphones und gegebenenfalls weiterer Endgeräte, die via WLAN mit dem Internet verbunden sind (zum Beispiel Tablets oder Smarthome-Geräte). Auch das Smartphone kann Nachrichten mit großen Dateianhängen empfangen oder überträgt über viele aktive Apps laufend große Datenmengen. Informieren Sie Mitbewohner wie Lebenspartner und Kinder darüber, dass sie während der Dauer der Besprechung das WLAN nicht zum Streamen von Musik und Videos oder zum Online-Gaming verwenden sollen. All diese Maßnahmen sichern Ihnen für das Online-Meeting oder das Webinar die höchstmögliche Übertragungsbandbreite.

Reduzieren Sie die Auflösung der Kamera und damit die zu übertragende Datenmenge. Sie sind für Ihre Kommunikationspartner immer noch gut zu erkennen, wenn nicht in FullHD-Qualität („High Definition", 1080p) aufgenommen wird, die Standardauflösung von 480p oder 360p reicht in der Regel vollkommen. In den Einstellungen der Kamera-Anwendung können Sie die Bildauflösung reduzieren. Denn eventuell verfügt nicht jeder Teilnehmer über eine große Übertragungsbandbreite und damit hohe Empfangsqualität. Denken Sie daran, dass zwar große Städte flächendeckend mit High Speed-Internet versorgt sind, ländliche Gebiete aber nicht immer.

Nehmen Sie beim Termin für die Besprechung Rücksicht auf Ankündigungen von Wartungsarbeiten des Internet-Providers. Mir selbst ist es auch schon passiert, dass ich den Termin für eine Online-

Schulung festgelegt hatte und erst danach am Schwarzen Brett im Hausflur die Benachrichtigung des Internet-Providers gelesen habe, dass just am geplanten Schulungstag Wartungsarbeiten im Bezirk stattfinden und es möglicherweise für ein paar Stunden keinen Internetempfang geben wird.

Was Sie allerdings niemals verhindern können, ist ein unvorhergesehener Ausfall des Internet. Wenn Sie für diesen seltenen Fall vorsorgen möchten, dann empfiehlt sich ein Reserve-WLAN-Router eines alternativen Internet-Providers. So können Sie in den allermeisten Fällen binnen kürzester Zeit wieder online gehen, und sei es nur, um das Meeting abzubrechen oder einen neuen Termin festzulegen.

Genauso ist im Hinblick auf den kontinuierlichen Geschäftsbetrieb ein zweiter Internet-Provider als „Notfall-Reserve“ ratsam. Denn nicht nur Online-Besprechungen sind beim Ausfall des Internets in der Sekunde beendet, auch Ihr regulärer Arbeitsablauf steht wahrscheinlich sofort still, wenn Sie unvorhergesehen - möglicherweise für zig Stunden - offline sind.

Rücksicht auf unerfahrene Teilnehmer nehmen

Nicht alle Teilnehmer an Online-Besprechungen haben damit viel Erfahrung oder sind technisch entsprechend versiert, um Einladungslinks zu öffnen, Software zu installieren sowie Ton- und Bildeinstellungen korrekt durchzuführen. Haben Sie wissentlich Teilnehmer, die wenig Erfahrung mit Online-Meetings oder Webinaren haben, geben Sie diesen bereits vorab die notwendigen Informationen.

Vergeuden Sie nicht die wertvolle Zeit aller Teilnehmer, indem Sie einzelnen technisch unbedarften Teilnehmern erst im Meeting (eventuell parallel zum Meeting per Telefon) erklären wie sie die Übertragung starten oder Ton- und Bildeinstellungen richtig treffen.

Umgebung im Sichtfeld der Kamera prüfen

Im Homeoffice stehen oft Gegenstände herum oder hängen Bilder an der Wand, die entweder im Meeting nichts zu suchen haben, oder die Ihre Besprechungsteilnehmer keinesfalls sehen sollen (aus welchen Gründen auch immer). Es spricht zwar nichts dagegen, wenn zu erkennen ist, dass Sie von Zuhause aus arbeiten, aber zu privat und intim sollte es nicht werden. Die Spielecke Ihrer Kinder oder die offene Badezimmertür im Hintergrund haben in professionellen Meetings nicht zu suchen.

Prüfen Sie daher schon im Vorfeld das Sichtfeld der Kamera. Selbst kleine Kameralinsen, die in Laptops eingebaut sind, haben heutzutage ein sehr weites Blickfeld. Bilder lassen sich schnell abhängen, Krimskrams, der herumsteht, findet schnell einen anderen Platz.

Unpassende Bildhintergründe, wie beispielsweise Fotos, Einrichtungsgegenstände oder Personen, die durchs Bild laufen, sorgen immer wieder für Verwirrung, Ablenkung und Gelächter. Manche Video-Konferenz-Tools bieten die technische Möglichkeit, neutrale Hintergründe auszuwählen oder eigene Hintergrundbilder hochzuladen. Nutzen Sie diese Möglichkeiten.

Professioneller wirkt Ihr übertragenes Portraitbild, wenn Sie nicht von oben auf die Kameraoptik herabschauen (weil etwa der Laptop vor Ihnen auf der Tischfläche steht), sondern wenn Sie waagrecht in die Kamera blicken. Positionieren Sie die Kameraoptik idealer Weise auf Augenhöhe.

Ton- und Videoaufzeichnungen erstellen

Überlegen Sie sich im Vorfeld, ob Sie das Meeting oder das Webinar aufzeichnen wollen. Dies mag sinnvoll sein zur Dokumentation oder um Teammitgliedern, die leider doch keine Zeit für die

Teilnahme hatten, die Inhalte im Nachhinein zur Verfügung zu stellen.

Grundsätzlich sind solche Aufzeichnungen von Ton und Bild nur mit Einwilligung aller Besprechungsteilnehmer gestattet. Denn in der Aufzeichnung sind ja wahrscheinlich auch die Gesichter, Stimmen und vielleicht Chat-Nachrichten der Teilnehmer enthalten. Die Zustimmung zur Aufzeichnung ist spätestens am Beginn des Meetings nachweislich einzuholen. Die Bild- und Tonaufzeichnung darf erst nach der Einwilligung jedes einzelnen Teilnehmers starten, insbesondere dann, wenn auch externe (unternehmensfremde) Teilnehmer davon betroffenen sind.

Überblick mit zwei Bildschirmen erleichtern

Gerade wenn Sie der Organisator und Moderator einer Online-Besprechung sind, bewähren sich zwei Bildschirme. Sie behalten damit besser den Überblick. Auch auf einem großflächigen Bildschirm geht schnell der Platz aus, wenn Sie das Dashboard des Video-Konferenz-Tools, eine Präsentation, die Kamerabilder der Teilnehmer sowie Chat- oder Fragenfenster gleichzeitig offen haben.

Kaffee, Tee oder Getränk vorbereiten

Denken Sie daran, dass Sie während eines Video-Calls nicht einfach Ihren Platz verlassen können, um sich Kaffee, Tee oder Wasser zu holen. Gleiches gilt für den Gang zu Toilette. Das ist insbesondere dann der Fall, wenn Sie der Moderator des Meetings sind.

Gerade wenn Sie viel sprechen, beispielsweise wenn Sie der Referent in einem Webinar sind, kann der Mund trocken werden und häufiges Räuspern wirkt auf die Teilnehmer störend. Stellen Sie sich also schon rechtzeitig vor der Online-Besprechung warme oder kalte

Getränke bereit. Verzichten Sie auf Snacks. Essen während eines Meetings wird eher als unhöflich empfunden.

Insbesondere der Organisator muss pünktlich sein

Nichts ist schlimmer, als wenn alle Teilnehmer bereits pünktlich online sind, sich der Organisator aber verspätet und das Meeting nicht zum vereinbarten Zeitpunkt startet. Verspäten Sie sich ausnahmsweise einmal als Teilnehmer einer Besprechung, dann können Sie sich dafür kurz entschuldigen. Als Organisator und Moderator gibt es kaum eine Entschuldigung für Verspätungen. Als Organisator sollten Sie viel eher ein paar Minuten vor allen anderen online sein.

Schalten Sie Ihr Telefon auf lautlos. Riskieren Sie nicht die Peinlichkeit, dass ausgerechnet das Smartphone des Moderators mitten im Meeting läutet. Beginnen Sie erst dann Ihren Ton und Ihr Bild zu übertragen, wenn Sie wirklich bereit für das Meeting sind. Bereiten Sie vorher die benötigten Unterlagen vor, holen Sie sich vorher schon etwas zu trinken und putzen Sie sich die Nase vorher. Filmt die Kamera lediglich einen leeren Stuhl, wirkt das auf Teilnehmer irritierend.

Oft werden Teilnehmer dazu eingeladen, sich bereits zehn oder fünfzehn Minuten vor der Veranstaltung einzuloggen, zum Beispiel um die einwandfreie technische Funktion zu prüfen. Aus meiner Sicht macht diese Empfehlung nur für zwei Arten von Teilnehmern Sinn:

- Teilnehmer, die noch niemals an einer Online-Veranstaltung teilgenommen haben, und
- Teilnehmer, die im Meeting wesentliche Gesprächsanteile haben werden (um sich eventuell kurzfristig noch abzustimmen oder das Teilen externer Bildschirminhalte zu testen).

Pünktlichkeit beinhaltet auch, dass Sie die geplante Dauer des Meetings einhalten beziehungsweise nicht (wesentlich) überschreiten. Teilnehmer planen mit der vorab bekannt gegebenen Zeitspanne ihre Folgetermine. Überziehen Sie mehr als ein paar wenige Minuten, dann bringen Sie damit Ihren und den Zeitplan Ihrer Kommunikationspartner durcheinander. Hilfreich ist zum Beispiel eine (Armband-)Uhr, die Sie während des Meetings stets im Blickfeld haben.

Zu Beginn kurz Technik checken

Als Moderator checken Sie Ihre eigene Technik beim Start des Video-Konferenz-Tools, und wissen daher beim Beginn des Meetings, dass Ihre eigene Bild- und Tonübertragung einwandfrei funktioniert. Ob das auch bei den Teilnehmern so ist, können Sie am Beginn der Besprechung kurz hinterfragen. Dazu bietet sich beispielswiese die Chat-Funktion an, mit der Sie als Moderator Fragen an alle Teilnehmer (oder gegebenenfalls nur einzelne) stellen können. Als Antwort reicht schon ein „Daumen hoch".

Halten Sie sich, so hart das klingt, nicht mit technischen Problemen einzelner Teilnehmer auf. Checken Sie die Technik mit unerfahrenen Teilnehmern idealer Weise schon vor dem Meeting. Tun Sie das erst im Meeting, geht allen Teilnehmern diese Zeit verloren.

Teilnehmer begrüßen und vorstellen

Obwohl bei Meetings im virtuellen Besprechungsraum das Händeschütteln wegfällt, sind dennoch Höflichkeit und gutes Benehmen gefragt. Begrüßen Sie Ihre Teilnehmer, wenn es wenige sind einzeln, wenn es dafür zu viele sind alle auf einmal. Wie bei persönlichen Treffen darf (eher in kleinen Gesprächsrunden) auch ein wenig Smalltalk sein. Das lockert die Atmosphäre auf. Auf allzu Persönliches oder Privates verzichten Sie besser. Bedenken Sie, dass alle Teilnehmer zuhören. Fassen Sie sich kurz, denn sonst geht wertvolle Zeit verloren und die anderen Teilnehmer langweilen sich.

Kennen sich die Teilnehmer untereinander nicht, oder haben Sie in einer bekannten Runde neue Teilnehmer, dann stellen Sie diese kurz vor oder geben den neuen Teilnehmern zwei, drei Minuten, um sich selbst vorzustellen.

Weisen Sie die Teilnehmer darauf hinweisen, dass Sie ihre Mikrofone stumm schalten können und sollen, wenn sie nicht gerade sprechen (oder Sie machen das als Moderator zentral über das Dashboard). So werden störende Hintergrundgeräusche vermieden. Dazu zählen unter anderem klingelnde Telefone, die während eines Meetings stumm geschaltet werden sollten.

Überlegen Sie sich, ob während des gesamten Meetings alle Kameras aktiv sein müssen. Sind alle Teilnehmer für alle sichtbar, macht das ein Meeting zwar persönlicher, aber vielleicht sind einzelne Teilnehmer dabei, die auf Grund beschränkter Übertragungsbandbreite durch das Ausschalten der Kamera die Übertragungsqualität von Bildschirminhalt und Ton verbessern können.

Gehen Sie am Beginn des Meetings kurz die Agenda durch und umreißen Sie die Ergebnisse, die Sie erwarten.

Moderator steht im Fokus

Als Moderator eines Online-Meetings sollten sie darauf achten, dass Sie selbst optimal bei den Teilnehmern ankommen. Gehen Sie mental entspannt in das Meeting. Moderieren Sie die Besprechung in einem emotional schlechten Zustand, wirkt sich das womöglich auf das Ergebnis des Meetings negativ aus.

Achten Sie, wie bereits erwähnt, auf einen neutralen oder professionellen Hintergrund. Denken Sie daran, stets in die Kamera zu schauen und nicht dauernd auf den zweiten Bildschirm daneben.

Professioneller erscheinen Sie, wenn Sie auf Ihre Kamera nicht herabschauen, sondern sich die Kamera auf Augenhöhe befindet, sodass Sie horizontal in die Linse schauen. Wie in natura wirken Sie ausdrucksstärker, wenn Ihre Hände zu sehen sind. Denn wir sprechen oftmals auch mit den Händen und unterstreichen damit unsere Aussagen. Ein kabelloses Headset wirkt professioneller als ein kabelgebundener Kopfhörer mit Mikrofon.

Dass Sie im Homeoffice angemessen gekleidet sein sollten, haben Sie schon im Kapitel „Gestalten, einrichten & organisieren" gelesen. Achten Sie darauf, dass Sie während der Besprechung nicht gestört werden, beispielsweise von Mitbewohnern, Kindern oder Haustieren. Und wenn das doch passiert, dann entschuldigen Sie sich bei den Teilnehmern.

Behalten Sie die ausgegebene Agenda im Auge. Achten Sie darauf, dass die Teilnehmer beim Thema bleiben und das Meeting nicht zur netten Plauderei wird (auch nicht nebenbei im Chat). In Online-Meetings gilt es die übliche Gesprächsdisziplin genauso einzuhalten wie im persönlichen Gespräch. Jeder sollte jeden aussprechen lassen. Als Moderator dürfen Sie – höflich, aber bestimmt – einschreiten, wenn die Gesprächsdisziplin zu wünschen übriglässt.

Auch im virtuellen Besprechungsraum haben Mimik, Gestik und Haltung großen Einfluss auf die Glaubwürdigkeit und Wirkung einer Person. Seien Sie sich dessen insbesondere als Moderator bewusst.

Teilen Sie Ihren Bildschirm nur dann, wenn es wirklich sein muss. Erlauben Sie es anderen Teilnehmern ebenfalls nur bei Notwendigkeit, deren Bildschirm für alle zu teilen. Teilen Sie jedenfalls nur einen Bildschirm gleichzeitig. Und überlegen Sie sich gut, welchen Ihrer Bildschirme Sie teilen und achten Sie darauf, dass die richtigen Inhalte auf diesem Bildschirm angezeigt werden.

Nur weil Sie Organisator und Moderator sind, müssen Sie nicht die ganze Besprechung selbst moderieren. Übertragen Sie diese Funktion gegebenenfalls anderen Teilnehmern. Stimmen Sie sich mit den betreffenden Besprechungsteilnehmern diesbezüglich aber schon im Vorfeld ab beziehungsweise legen Sie fest, wer welche Inhalte moderieren wird.

Teilnehmer direkt mit Namen ansprechen

Bei Online-Besprechungen können Sie nur sehr eingeschränkt durch Ihre Körpersprache vermitteln, wen Sie ansprechen oder an wen Sie eine Frage stellen. Das kann dazu führen, dass entweder niemand antwortet, oder mehrere Teilnehmer gleichzeitig. Das führt dann häufig dazu, dass niemand mehr ein Wort versteht. Sprechen Sie Teilnehmer daher direkt mit dem Namen an.

Für Abwechselung und Aufmerksamkeit sorgen

Während eines Online-Meetings konstant aufmerksam und konzentriert zu sein, kann (trotz Pausen) zur Herausforderung werden, vor allen dann, wenn sich die Besprechung über mehrere Stunden erstreckt. Beziehen Sie möglichst alle Teilnehmer aktiv ins Gespräch ein. Einerseits soll sich niemand ausgeschlossen oder überflüssig fühlen, andererseits erhöhen aktive Beiträge die Aufmerksamkeit.

Eine gute Idee sind Live-Umfragen, wie sie zum Beispiel mit dem Tool „slido" organisiert werden können. Solche Umfragen müssen Sie allerdings schon im Vorfeld vorbereiten. Und denken Sie dabei wieder an das Thema Datenschutz von personenbezogenen Daten. Abstimmungen und Multiple-Choice-Fragen zu einzelnen Details können ebenfalls zur Abwechslung beitragen.

Mit konkreten nächsten Schritten abschließen

Ein entscheidender Punkt für ein erfolgreiches Meeting sind die nachfolgenden Schritte und Aufgaben, die sich aus der Besprechung ergeben. Fassen Sie diese als Moderator am Ende zusammen und verteilen Sie Aufgaben klar an die betreffenden Personen.

Nehmen Sie Rücksicht auf Fragen, die sich aus den verteilten Aufgaben ergeben. Legen Sie Fristen fest für das Erledigen der Aufgaben fest. Sollen zwei oder mehr Teilnehmer zusammenarbeiten, dann stellen Sie sicher, dass jeder die Kontaktdaten des anderen hat, damit sich diese nach dem Meeting austauschen können.

Übertragung nicht sofort für alle beenden

Beenden Sie als Organisator das Meeting beziehungsweise die Übertragung nicht unmittelbar nach der Verabschiedung. Möglicherweise möchte jemand noch eine Frage in den Chat schreiben, oder ein paar persönliche Worte mit Ihnen wechseln. Bleiben Sie als Organisator noch ein, zwei Minuten länger online.

Protokoll erstellen und versenden

Die produktivsten Besprechungen sind wertlos, wenn die Ergebnisse im Anschluss daran nicht konsequent umgesetzt und weiterverfolgt werden. Um ein möglichst vollständiges Protokoll zu verfassen, ist es hilfreich, wenn Sie sich während des Meetings Notizen machen.

Ein Protokoll zu erstellen heißt nicht, dass Sie jedes noch so kleine Detail, das besprochen wurde, schriftlich festhalten müssen. Konzentrieren Sie sich auf das Wesentliche, denn zu lange Protokolle werden oftmals nicht gelesen. Protokolle können in eingespielten Teams auch aus relativ knappen Stichwörtern bestehen.

Teilnehmer, die leider doch nicht am Meeting teilnehmen konnten, sollen eventuell soweit auf den aktuellen Stand gebracht werden, dass sie am nächsten Meeting ohne Wissenslücken teilnehmen können. Möglicherweise interessiert sich auch Ihr Chef für das Protokoll, um am Laufenden zu sein.

Auf Basis des Protokolls, das Sie jedem Teilnehmer zeitnahe nach dem Meeting senden, soll jeder Teilnehmer die Ergebnisse (in kurzen Worten) nachlesen können. Insbesondere sollen offene Aufgaben (wer mit wem bis wann) schriftlich festgehalten werden. Niemand darf sich darauf ausreden können, dass er oder sie nichts davon gewusst hätte.

Bedanken Sie sich in der Nachricht, mit der Sie das Protokoll versenden, für die Teilnahme am Meeting. Tauschen Sie gegebenenfalls Kontaktdaten aus, wenn Teilnehmer zum Beispiel gemeinsam eine Aufgabe zu erledigen haben. Senden Sie ergänzende Dokumente mit, die im Meeting angesprochen und deren nachträglicher Versand von Ihnen zugesagt wurde.

Danksagung

Vielen herzlichen Dank an meinen lieben Freund und Versicherungsmakler Andreas Reinthaler, der mir beim Abschnitt über Cyber-Versicherungen mit Rat und Tat zur Seite gestanden ist.

Vielen lieben Dank an meine langjährige Steuerberaterin Mag. Martina Hlustik. Nur mit ihrer fachkundigen Unterstützung konnte ich das komplizierte Verhältnis des österreichischen Finanzamtes zum häuslichen Arbeitszimmer (hoffentlich verständlich) darstellen.

Bedanken möchte ich mich an dieser Stelle auch bei einigen persönlichen Freunden und Geschäftspartnern, die ich hier nicht alle namentlich nennen kann und darf. Sie haben mir offen und ehrlich sowie im Vertrauen von Datenschutz-Pannen und ihren Erfahrungen mit – leider manchmal erfolgreichen – Cyber-Attacken erzählt. Diese von mir anonymisierten Beispiele aus der Praxis verdeutlichen die Wichtigkeit vieler unverzichtbaren Maßnahmen zum Datenschutz und der IT-Sicherheit, und sind daher sehr wertvoll.

Literaturquellenverzeichnis

- „Ergonomisches Arbeiten im Homeoffice", Leitfaden und Checkliste für ein sicheres und gesundes Arbeiten Zuhause des Bundesministeriums für Arbeit, Familie und Jugend, November 2020
- Wirtschaftskammer Österreich, Abteilung Arbeits- und Sozialrecht, zum Themenbereich Homeoffice (www.wko.at/service/t/arbeitsrecht-sozialrecht)
- Bundesministeriums für Arbeit, Familie und Jugend, Sektion Arbeitsrecht und Zentral-Arbeitsinspektorat (www.arbeitsinspektion.gv.at)
- Bundesministerium für Digitalisierung und Wirtschaftsstandort und A-SIT Zentrum für sichere Informationstechnologie - Austria (www.onlinesicherheit.gv.at)
- Österreichischen Datenschutzbehörde (www.dsb.gv.at)
- Informationsblatt der Österreichischen Datenschutzbehörde „Datensicherheit und Home-Office"
- (Deutsche) Bundesanstalt für Arbeitsschutz und Arbeitsmedizin BAuA (www.baua.de)
- Leitfaden für die Entwicklung von organisatorischen Spielregeln für mobiles Arbeiten und ihre nachhaltige Implementierung (November 2020) des Bundesministeriums für Arbeit, Familie und Jugend
- IT-Grundschutz-Kompendium, Edition 2020, des (deutschen) Bundesamtes für Sicherheit in der Informationstechnik BSI
- Umsetzungshinweise zum IT-Grundschutz-Kompendium 2019 des (deutschen) Bundesamtes für Sicherheit in der Informationstechnik BSI
- BSI für Bürger des (deutschen) Bundesamtes für Sicherheit in der Informationstechnik (www.bsi-fuer-buerger.de)

- Broschüre & Merkblatt „Cyber-Sicherheit im Home Office" des Bundesministeriums für Inneres, Bundesamt für Verfassungsschutz und Terrorismusbekämpfung, Juli 2020
- Cybercrime Report 2019 des Bundesministeriums für Inneres, Bundeskriminalamt

---

Internetlinks zu einigen der hier angeführten Quellen beziehungsweise Dokumente finden Sie auch auf meiner Internetseite unter www.andreasdolezal.at/homeoffice.

Bildquellenverzeichnis

- Cover: AdobeStock, „Grey freelancer's room interior", © Photographee.eu
- Kapitel „Allgemeines & Rechtliches": Pixabay, „Paragraf Recht" von Gerd Altmann
- Kapitel „Einrichten, gestalten & organisieren": Pixabay, „Kinder-Jungen Interieur Zimmer" von Victoria_Borodinova
- Kapitel „Datenschutz & IT-Sicherheit": AdobeStock, „Businessman showing a shield of protection network", © natali_mis
- Kapitel „Cyber-Attacken verhindern": AdobeStock, „Shot from the Back to Hooded Hacker", © Gorodenkoff
- Kapitel „Richtig kommunizieren": AdobeStock, „Working remotely from home", © Jelena
- Kapitel „Besprechungen organisieren": AdobeStock, „Rear close up view of female employee brainstorm talk on video call", © fizkes

Ing. Andreas Dolezal

Andreas Dolezal, geboren 1970, lebt und arbeitet in Wien - zumeist vom Homeoffice aus. Ursprünglich zum Ingenieur der Nachrichtentechnik und Elektronik ausgebildet, wechselte er 1998 in die Finanzdienstleistung. Nach Stationen im deutschsprachigen Ausland ist er heute Gesellschafter und Compliance Officer von konzessionierten Wertpapierfirmen sowie als Unternehmensberater und Compliance Experte selbständig tätig.

Im Fokus seiner Aktivitäten steht das Thema Compliance, also das Einhalten von Gesetzen sowie deren angemessenes Umsetzen in die unternehmerische Praxis. Neben dem Finanzmarkt und seinen vielen Gesetzen zählen Geldwäsche-Prävention sowie insbesondere die Bestimmungen hinsichtlich Datenschutzes und IT-Sicherheit zu seinen Fachgebieten.

Als gefragter Spezialist mit Praxisbezug bildet Andreas Dolezal in Seminaren und Workshops Unternehmer und deren Mitarbeiter aus und weiter. Darüber hinaus ist er als Autor für Fachmagazine aktiv.

Kontaktdaten

Andreas Dolezal | MORE THAN JUST COMPLIANCE

E-Mail: consulting@andreasdolezal.at

Webpage: www.andreasdolezal.at

Datenschutz in der Praxis

Unternehmen verarbeiten im geschäftlichen Alltag eine Fülle an personenbezogenen Daten. Mit der seit Mai 2018 geltenden Datenschutz-Grundverordnung DSGVO sind Datenschutz und IT-Sicherheit in den Fokus gerückt. Auch die Zunahme von erfolgreichen Cyber-Attacken, denen jedes kleine und große Unternehmen zum Opfer fallen kann, verstärkt diesen Trend.

Der weite Ermessensspielraum, den die DSGVO eröffnet, lässt viele Fragen unbeantwortet und stellt verantwortliche Unternehmer vor zahlreiche Herausforderungen.

In diesem Datenschutz-Leitfaden für das praxisnahe Umsetzen der DSGVO geben die beiden Experten Andreas Dolezal sowie der Jurist und zertifizierte Datenschutzbeauftragte Mag. Matthias Aichinger auf kompakten 148 Seiten viele Antworten auf offene Fragen zum Datenschutz sowie über 60 Tipps zur Umsetzung in die unternehmerische Praxis.

Erhältlich in folgenden Formaten

- Paperback: 978-3-99110-096-6 (24,99 Euro inkl. MWSt.)
- Hardcover: 978-3-99110-097-3 (29,99 Euro inkl. MWSt.)
- eBook: 978-3-99110-098-0 (14,99 Euro inkl. MWSt.)

Geldwäsche ist kein Kavaliersdelikt

Das Einschleusen von Vermögenswerten aus illegalen Quellen in den legalen Wirtschaftskreislauf - die Geldwäsche - sowie das Unterstützen von terroristischen Aktivitäten jeder Art - die Terrorismusfinanzierung - fügen Wirtschaft und Gesellschaft großen Schaden zu.

Die Europäische Union hat daher in den vergangenen Jahren den Kampf gegen Geldwäsche und Terrorismusfinanzierung massiv intensiviert und die gesetzlichen Bestimmungen zur Geldwäsche-Prävention verschärft.

Mit diesem Praxis-Leitfaden unterstützen die zwei erfahrenen Experten Andreas Dolezal sowie der Jurist Mag. Matthias Aichinger verpflichtete Gewerbetreibende auf über 300 Seiten beim praxisnahen Umsetzen der gesetzlichen Bestimmungen in den geschäftlichen Alltag, und werfen einen Blick auf die Prüfpraxis der Aufsichtsbehörden, die das Einhalten der Bestimmungen vermehrt prüfen.

Erhältlich in folgenden Formaten

- Paperback: 978-3-99110-248-9 (39,99 Euro inkl. MWSt.)
- Hardcover: 978-3-99110-249-6 (44,99 Euro inkl. MWSt.)
- eBook: 978-3-99110-304-2 (29,99 Euro inkl. MWSt.).